优等生必备能力训练

观察力

于雷 编著

清华大学出版社

北京

内 容 简 介

观察力，是指通过感觉器官准确、全面、深入地感知客观事物特征的能力。通过观察，人们可以对被观察对象的形象、声音、气味、规则、原理等有更加深入的认识。观察力不仅仅是通过观察来体现，它还包括理解、判断、分析、逻辑推理等一系列过程，它是一种感觉与思维高度协调的能力。观察力的高低关系到一个人对事物的认识程度和水平。

本书共分为五篇，分别从纠正大脑误差、发现另类角度、积极锻炼眼力、关注微小细节、善于总结规律五个角度训练读者的观察力，并配有大量的练习题目。希望通过这些讲解和练习，可以让学生体会到观察之美、发现之乐。

本书的适读人群如下：广大青少年，尤其是对数理化缺乏兴趣的学生；想要改变思维方式，提高逻辑思维能力的年轻人；参加世界 500 强企业面试，或者报考公务员、MBA 的应试者；渴望提高创新思维能力，给大脑充电的上班族。

本书封面贴有清华大学出版社防伪标签，无标签者不得销售。
版权所有，侵权必究。举报：010-62782989，beiqinquan@tup.tsinghua.edu.cn。

图书在版编目(CIP)数据

优等生必备能力训练. 观察力/于雷编著. —北京：清华大学出版社，2020.4（2023.12重印）
ISBN 978-7-302-55146-1

Ⅰ. ①优… Ⅱ. ①于… Ⅲ. ①观察—能力培养 Ⅳ. ①B804

中国版本图书馆 CIP 数据核字(2020)第 050344 号

责任编辑：张　瑜　杨作梅
装帧设计：杨玉兰
责任校对：吴春华
责任印制：丛怀宇

出版发行：清华大学出版社
　　　　网　　址：https://www.tup.com.cn, https://www.wqxuetang.com
　　　　地　　址：北京清华大学学研大厦 A 座　　邮　编：100084
　　　　社 总 机：010-83470000　　邮　购：010-62786544
　　　　投稿与读者服务：010-62776969, c-service@tup.tsinghua.edu.cn
　　　　质量反馈：010-62772015, zhiliang@tup.tsinghua.edu.cn

印 装 者：涿州市般润文化传播有限公司
经　　销：全国新华书店
开　　本：170mm×240mm　　印　张：14.25　　字　数：282 千字
版　　次：2020 年 4 月第 1 版　　印　次：2023 年 12 月第 2 次印刷
定　　价：49.00 元

产品编号：085170-01

127. 剪纸 93	164. 警察抓小偷 110
128. 连顶点 94	165. 猫捉鱼 111
129. 增加菱形 94	166. 寻找骨头 111
130. 平房变楼房 95	167. 有向五边形 112
131. 月份符号 95	168. 殊途 112
132. 穿越迷宫 95	169. 路径谜题 113
133. 画三角形 96	170. 车费最低 113
134. 一笔画(一) 96	171. 偶数路径 114
135. 走马观花 96	172. 寻宝比赛 115
136. 巡逻 97	173. 寻宝 115
137. 一笔画问题 97	174. 偷金球 116
138. 字母变小 98	175. 是否连在一起 117
139. 迷宫 98	176. 字母逻辑 117
140. 挪球 99	参考答案 118
141. 比面积 99	
142. 正十二面体 99	**第四篇 关注微小细节** 135
143. 找不同 100	基础知识介绍 136
144. 齿轮 100	观察训练营 141
145. 聚会地点 101	177. 自杀的假象 141
146. 不同的路径 101	178. 超强的视力 141
147. 玻璃杯 102	179. 潜泳谋杀 142
148. 绳结 102	180. 伪造的遗书 142
149. 一笔画(二) 102	181. 过圣诞 142
150. 接铁链 103	182. 寻找赃物 143
151. 修路 103	183. 谁是凶手？ 143
152. 扩大水池 104	184. 骗保险 143
153. 怪老头的玩意 104	185. 意外还是纵火 144
154. 三子同行 105	186. 探险家的发现 144
155. 八颗棋子 105	187. 吹牛 145
156. 有趣的棋盘 106	188. 说谎 145
157. 棋盘上的棋子 106	189. 不在场的证明 145
158. 转向何方 107	190. 现场的鞋印 146
159. 起重装置 107	191. 丢失的钻石 146
160. 巡逻问题 108	192. 被杀的哥哥 147
161. 保安巡逻 108	193. 浴室谋杀案 147
162. 巡视房间 109	194. 只差五厘米 147
163. 如何通过 109	195. 越狱的特工 148

| 196. 隔壁的通缉犯 148
| 197. 偷牛贼 148
| 198. 邮局行窃案 149
| 199. 皇帝断案 149
| 200. 对付财主 149
| 201. 找出匪首 150
| 202. 火灾逃生 150
| 203. 智擒劫匪 151
| 204. 新手小偷 151
| 205. 林肯智斗歹徒 151
| 206. 及时赶到的警察 152
| 207. 谁报的警 152
| 208. 求救信号 152
| 209. 整形的通缉犯 153
| 210. 化学家捉贼 153
| 211. 消失的凶器 153
| 212. 狄仁杰解难题 154
| 213. 以其人之道还治其身 154
| 214. 尸体在哪？ 155
| 215. 门板上的信息 155
| 216. 酒鬼的外甥 155
| 217. 怕麻烦的杀手 156
| 218. 教授的暗示 156
| 219. 找密码 156
| 220. 分析罪犯 157
| 221. 日本人巧探大庆油田 157
| 222. 芝加哥需要多少调音师 157
| 223. 一只猫毁了一个指挥部 158
| 224. 寻求真相 158
| 225. 所罗门断案 159
| 226. 到底谁算是凶手 159
| 227. 消失的邮票 160
| 228. 巧断讹诈案 161
| 229. 逃逸的汽车 161
| 230. 隐藏的嫌犯 162
| 231. 罪犯的疏忽 162
| 232. 钥匙上的指纹 164

233. 并非自杀 164
234. 手表 164
235. 嫁祸于他人 165
236. 盗窃案 166
237. 隔空杀人 167
238. 煤气泄漏之谜 167
239. 遇害真相 168
240. 消失了的凶器 169
241. 审问大树 169

参考答案 170

第五篇　善于总结规律 179

基础知识介绍 180
观察训练营 185
242. 图形组合 185
243. 角度 186
244. 直线与曲线 186
245. 多边形 187
246. 有趣的方格 187
247. 奇怪的规律 188
248. 涂黑的三角形 188
249. 五角星 189
250. 汉字有规律 189
251. 字母也疯狂 190
252. 组合的规律 190
253. 复杂的图形 191
254. 没规律的线条 191
255. 圆圈与三角 192
256. 汉字的规律 192
257. 奇妙的规律 193
258. 递增的折线 193
259. 简单的图形 194
260. 星形图案 194
261. 切割 195
262. 字母的规律 195
263. 线段的规律 196
264. 金字塔 196

- 265. 奇怪图形 197
- 266. 超复杂图形 197
- 267. 神奇的规律 198
- 268. 线段组合 198
- 269. 分割火炬 199
- 270. 圆圈方块 199
- 271. 黑白圈游戏 200
- 272. 方格阵列 200
- 273. 曲线组合 201
- 274. 带斜线的三角 201
- 275. 变换的梯形 202
- 276. 多重箭头 202
- 277. 黑白图案 203
- 278. 笑脸 203
- 279. 双色拼图 204
- 280. 线条的规律 204
- 281. 变化规律 205
- 282. 与众不同 205
- 283. 什么规律 206
- 284. 切割出来的差别 207
- 285. 按规律填图 207
- 286. 铺墙纸 208
- 287. 折叠立方体 208
- 288. 折不出的立方体 209
- 289. 立方体网格 209
- 290. 骰子构图 210
- 291. 骰子推理 210
- 292. 图案盒子 211
- 293. 折立方体 211
- 参考答案 211

第一篇

纠正大脑误差

基础知识介绍

人们经常说："耳听为虚，眼见为实。"在日常生活中，人们经常用"这是我亲眼看到的！"来证明一个事物的真实性。不可否认，眼睛是人类最重要、最直接也最能反映事物原貌的感觉器官。有的时候，人们眼睛所看到的景象并不一定就是事物本身，因为某些情况下，是存在视觉误差的。视觉误差的出现是有条件的，只要条件具备，错觉就必然会产生。

错觉，是指人们对外界事物的不正确的感觉或知觉。产生错觉的原因，除了客观事物本身的特点外，还和观察者生理和心理等方面的因素有关。其中，生理因素主要与人们感觉器官的结构和特性有关，而心理因素大多与人们的生活经验有关。

例如，当我们坐在飞驰的火车上，看着窗外的景物时，会感觉它们在向反方向移动，这是一种运动错觉；或者，当你掂量 1kg 棉花和 1kg 铁块时，你会觉得铁块更重一些，这是形重错觉；等等。

错觉是一种被歪曲的知觉。最常见的错觉是视觉方面的错觉——视觉误差。视觉误差又称视错觉，是指人和动物通过视觉感知外界物体的大小、明暗、颜色、动静所获得的信息与被感知外界物体真实的大小、明暗、颜色、动静之间的差别。视觉误差是当人或动物观察物体时，基于经验主义或不当的参照形成的错误的判断和感知。

美国范德比尔特大学的科学家托马斯·詹姆斯及其同事通过两个实验证实了视觉误差的存在。

第一个实验：

托马斯·詹姆斯等人让接受实验的志愿者(以下简称受验者)观看计算机屏幕上的球。这个球是由很多的点构成的，这些点或是向左或是向右转动，让人们感觉这个球也在相应朝这个方向转动。托马斯让受验者说出球的转动方向，认定向左转和向右转的人大约各有一半。其实，这些点向左或是向右转动的时间是相同的。接着，托马斯让受验者在观看屏幕的同时，手中还触摸一个向左或向右转动的用聚苯乙烯泡沫塑料做成的球，希望人的触觉能影响大脑的判断。结果是，只有 65% 的受验者宣称他看的球的转动方向与他触摸的一致，这表明触觉并没有对结果产生很大的影响。

第二个实验：

托马斯让受验者闭上一只眼睛来观看一只真实存在的转动的球。由于受验者只用一只眼睛观察，他不能肯定地说出球的转动方向。接着，他们又让受验者触摸一只球，感觉转动的方向，结果只有70%的受验者正确说出了球的转动方向，另外30%的受验者还是被错误的视觉信息所误导。

由此，托马斯等人得出结论，视觉观察的结果对于大脑的判断最为重要。人的大脑不是将视觉和触觉所获得的信息联合起来的，而是分开加以处理的，而且更相信视觉信息，尽管有些时候触觉信息更可靠。

托马斯的这个实验在证实"眼见为实"的同时，却也恰恰证明了"眼见不一定为实"。

人类的视觉是由于物体的影像刺激视网膜上的感光细胞所产生的。外界的物体反射出来的光线，依次经过角膜、瞳孔、晶状体和玻璃体，经过折射，最终落在视网膜上。视网膜上有对光线敏感的细胞。这些细胞受到光线刺激后产生兴奋，产生的神经冲动沿着视神经传入大脑皮层的视觉中枢，即大脑皮层的枕叶部位，在这里把神经冲动转换成大脑中认识的景象，这些图像信息经过加工处理后，最后传递给大脑，人就产生了视觉。

通过视觉，人们能够感知外界物体的大小、明暗、颜色、动静等，从而获得对人们生存具有重要意义的各种信息。据统计，对人类来说，至少有80%以上的外界信息是经由视觉获得的。

但是，人们的眼睛不同于照相机或者摄像机，视觉也不是简单的机械的复制，还要经过光线的折射和大脑对物体影像的再加工，要经过"角度感"—"形象感"—"立体感"等步骤，把客观事物的图像根据摄入的信息在大脑虚拟空间中还原。

在这些加工和处理的过程中，视觉误差就产生了。

首先，人的眼睛是有视觉限制的，并不是所有的光线都能使人产生视觉。科学家告诉人们，人眼所能看到的光线，只在一定的电磁波长范围内，是极为有限的一小部分。电磁波谱中人眼可以感知的部分，叫作可见光。可见光谱也没有精确的范围，一般人的眼睛可以感知波长为400～760nm的电磁波，但还有一些人眼能够感知到的波长为380～780nm的电磁波。不同波长的电磁波，引起人眼的颜色感觉不同。这也就使人能够区分出赤、橙、黄、绿、青、蓝、紫等不同的颜色。正常视力的人眼对波长约为555nm的电磁波最为敏感，这种电磁波处于光学频谱的绿光区域。

有些其他生物能看见的光波范围与人类不一样，例如包括蜜蜂在内的一些昆虫能看见紫外线波段，这对于它们寻找花蜜有很大帮助。而像红外线和紫外线，都是不能使人产生视觉的。因此正常人的眼睛，也可以说是有"缺陷"的。也因为如此，太空中原本大放光明的地方，一直以来都被人们认为是漆黑一团。人们想要观察到那些隐藏在黑暗中的天体，只有借助某些工具，如哈勃太空望远镜，它们是可以利用红外线来观察天体的。

另外，人们的眼睛还存在盲点。众所周知，人眼的视神经是在视网膜上面汇集到一个点才穿过视网膜连进大脑的。在这个点上，是没有感光细胞的。如果一个物体的影像刚好落在这个点上，人们就会看不到。

人们看到的视觉影像都是一幅幅独立的静态的"照片"，为什么人们能看到很多像电影一样的动态画面呢？这是因为视觉暂留现象。人们在看东西的时候，物体反射的光线刺激眼睛里的感光细胞形成感光色素来显影，而感光色素的形成需要一定的反应时间，这就形成了视觉暂留。视觉暂留现象使视网膜所产生的视觉在光线刺激停止后，仍然能够保留一段时间，一般可以继续保留 0.1～0.4s。电影的拍摄和放映利用的就是这一原理。人们在看电影时，实际上银幕上是一张张静态的图像，画面是明暗交替的，人物的动作也是跳动的。但是在人们看来，画面并没有明暗变化，人物的动作也是连续的。这是因为电影的画面一般以每秒钟 24 个图像的速度变换，由于视觉暂留，人们不会察觉出动作的不连续。

另外，人类有两只眼睛，而且两只眼睛之间又有一定的距离。当人们观看景物时，两只眼睛会单独成像，并由大脑将两幅画面重合并加以整理，形成视觉。人们判断物体的远近位置和立体感等也与此有关。人们都有过这样的经验：在一个物体逐渐靠近人们的双眼，并达到一定的距离的时候，左眼的视线会向右，右眼的视线向左，两条视线交叉。也许很多人都做过这样一个实验：把笔或一根手指放在眼前，离得足够近的话就可以观察到两个图像。这也是一种视觉误差——左右分离。

除了这些生理的因素引起的误差外，心理因素也可以引起视觉误差。像"杯弓蛇影""草木皆兵"等，这些错觉和误差都是与人们的心理因素相关联的。

日常生活中，人们经常能看到一种现象，太阳在早上看起来往往比中午的时候大一些。这种现象叫作"月亮错觉"。《列子》中记载的"两小儿辩日"的故事，即"日初出大如车盖，而日中则如盘盂"，就是月亮错觉的一个例子。太阳初升接近地平线时人们平视它看到的面积和太阳当空时人们仰视它看到的面积几乎是一样大的，而且太阳在视网膜上形成的影像的大小也是相同的，但是，一般人总是觉得接近地面时的面积要比当空的时候大出 30%～50%。这是为什么呢？

众所周知，同一个物体，放在比它大的物体群中会显得小，放在比它小的物体群中则会显得大。同理，早晨的太阳，刚从地平线升起时，背景是树木、房屋及远山和一小角天空，在这样的比较下，此时太阳就显得大。中午太阳高高升起，广阔无垠的天空是衬托的背景，此时太阳就显得小了。另外，白色(或浅色)的形体在黑色或暗色背景的衬托下，具有较强的反射光亮，呈扩张性的渗出，这种现象叫光渗。当太阳初升时，背景是黑沉沉的天空，太阳格外明亮，对比强烈，所以会显得大一些；而到了中午，背景是万里蓝天，太阳与其亮度相差不大，就会显得小一些。

与此类似，我们再来仔细观察下图，这两个图形中间的圆哪个看起来更大一些？

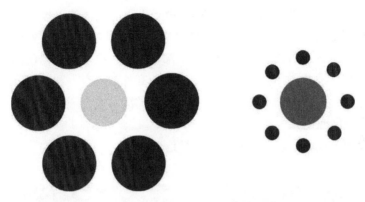

这种视觉误差就是人们的经验在作怪。图中大的黑色圆围住的圆和右图中小的黑色圆围住的圆其实大小完全一样。左图的圆被围住它的大黑圆"衬托"得"小"了，相应地，右图的圆被围住它的小黑圆"衬托"得"大"了。所以当二者放在一起的时候，右图的圆看上去就会比左图的圆大一些。

再看下面的图，两个不同颜色和背景的圆圈，它们的大小是相同的，但是粗略看去，却会觉得白色的更大一些。

这是因为白光是复色光，是由红、橙、黄、绿、蓝、靛、紫七种色光混合而成的，其光谱中各色光的波长是不同的，红色波长最长，紫色波长最短。当各种不同波长的光同时通过晶状体(类似透镜)时，聚集点并不完全在视网膜的一个平

面上，因此在视网膜上所成影像的清晰度就有一定差别。长波长的暖色影像的焦距不准确，因此在视网膜上所形成的影像模糊不清，似乎具有一种扩散性；短波长的冷色影像就比较清晰，似乎具有某种收缩性。所以，人们在凝视红色的时候，时间长了会产生眩晕感觉，景物形象模糊不清，似有扩张运动的感觉，如果改看青色，就没有这种感觉了。如果将红色与蓝色对照着看，由于色彩同时对比的作用，其面积错视现象就会更加明显。

另外，色彩的膨胀、收缩感不仅与波长有关，而且还与明度有关。对于两个大小相同、颜色不同的圆形(一黑一白)，由于人眼晶状体的"球面像差"物理原理，在明暗图形轮廓界限部分会发生对比加强的边界效应(马赫效应)，凝视白色圆圈稍久，便可发现白色圆圈的边缘比中部更光亮一些，同样黑色圆圈外围的白色也比较明亮。因此，在视觉上光亮物体的轮廓外似乎有一圈光圈围绕着，这种现象即为光渗。由此人们便会感觉到白色圆圈扩大、黑色圆圈缩小，从而觉得白色圆圈比黑色圆圈要大一些。

下图中两个灰色的竖条纹的色度是否是一样的？

其实，它们的色度是一样的，只是看起来左边的要比右边的颜色深一些。

很多时候，人眼分辨物体需要靠色彩和亮度的反差来进行。在各种颜色中，每一种颜色都有它相应的互补色。如果把互为互补色的两种颜色以一定比例混合，就会成为灰色或者白色这种只有亮度而无色彩的颜色。黑与白是一对互补色，红和绿是一对互补色，橙和蓝也是一对互补色，其他颜色也都有其相应的互补色。如果两种互补色同时呈现在一个画面上，在人们看来，就会显得分外鲜明。当周围充满一种颜色刺激时，无刺激的空当处便会产生互补色的感觉，从而产生"无中生有"的错觉。最常见的现象是，在蓝色的天幕上出现的月亮(无色)会显黄色。另外，人们都有这样的经验，在暗色的背景中，黑色物体不易被发觉；而在明亮的背景中，白色物体不易被发觉。这些现象都说明，人们的视觉会受到背景的影响而产生视觉误差。

此外，人们的大脑还会利用许多线索确定一个二维图形的纵深度，其中一个线索就是阴影。

下面来看一看下图中有多少球是凹入的，多少是凸出的。

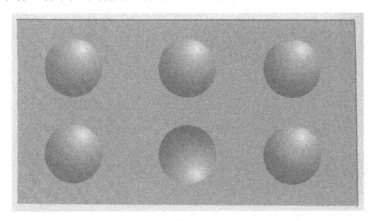

在上面这个图片上，由于明暗和阴影的影响，使人们得到凸出或凹入的知觉。同一个物体的明亮部分在上方，阴影部分在下方，看上去这个物体就是凸出的。如果相反，便会得到凹进去的知觉。这是人们长久的生活经验使然。因为在生活中，光源(阳光)总是位于上方的，这就使得自然形成凸出来的物体的明亮部分位于该物的上方，阴影在下方。凹下去的东西则刚好相反。

把上面这幅图旋转180°之后再数数看，有多少球是凹入的？多少是凸出的？

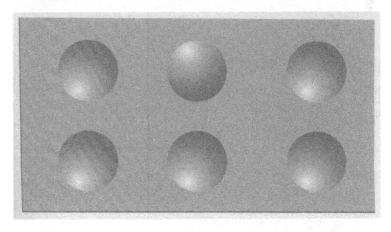

在旋转图片之后，所有形状也一起发生了改变，凹入的球变为凸出，凸出的球变为凹入。

通常，人们能够以同样的清晰度看清楚视野内的任何东西。其实不是这样的。试着把你的眼睛保持不动，你会发现，你只能看清楚接近注视中心的物体的细节，而偏离视觉中心的物体，它们竟然是模糊的。越是到视野的外围，人们对物体细节的分辨能力就越差。所以人们不得不不断地转移视线，以便对各个物体都有清晰的认识。

看，并非简单地记录客观事实，而是一个主动的构建过程。人们的大脑并非被动地记录进入眼睛的视觉信息，而是主动地寻求对这些信息的解释。有些时候，大脑还会根据先前的经验和眼睛提供的有限而又模糊的信息做出最好的又合理的解释。

所以，很多时候，人们亲眼看到的未必就是事实，人们还需要纠正大脑的误差，还原一个真实的世界。

观察训练营

1. 灰度

下图中间的灰色条纹的色度是否是一样的？

2. 深度

下图中心的小正方形中的灰色比大正方形中的灰色更深一些吗?

3. 侧抑制

仔细观察下图,这两个方块中间的灰色方块颜色哪个更深一些?

4. 高帽

帽子的高度是不是比宽度长？

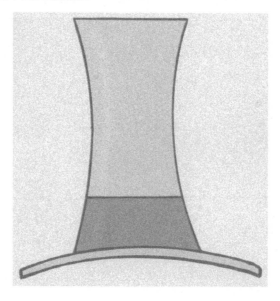

5. 正弦波幻觉

这是一幅由若干条竖线组成的正弦波，现在请判断一下，哪些竖线更长一些，哪些则比较短？

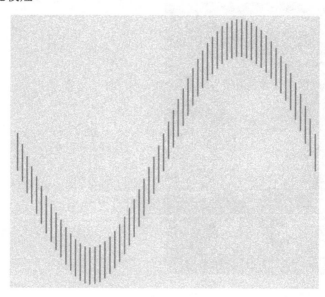

6. 长短

图中两条线段一样长吗？想想是什么影响了我们大脑的判断？

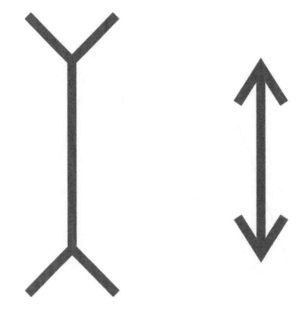

7. 线段

观察下图，判断一下线段 AB 和 BC 哪一个更长。

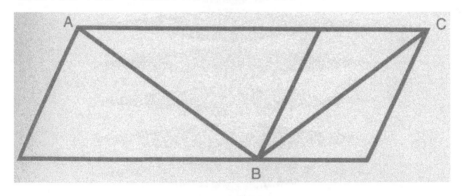

8. 八字错觉

仔细观察下图,请说出图中两条横线哪条更长一些。

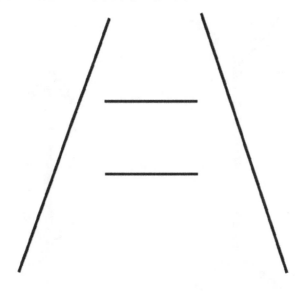

9. 高度幻觉

下图的宽和高哪个更长一些?

10. 三角形错觉

下图中,三角形边上的那条粗线和三角形中间那条竖线哪个看起来更长些?

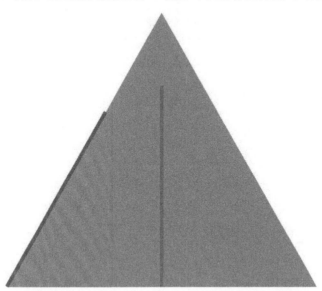

11. 距离错觉

观察下图,这个三角形中间的点距三角形的底边远还是距顶点远?

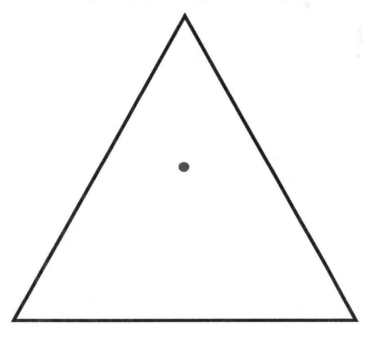

12. 拖兰斯肯弯曲错觉

下面三条圆弧中,哪条线的曲线半径最大?

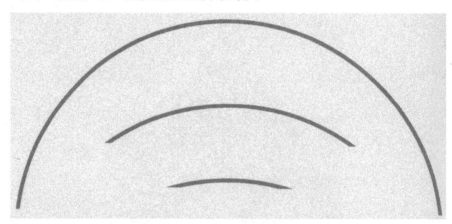

13. 谢泼德桌面

这两个桌子的桌面大小、形状完全一样,你相信吗?如果你不信,量量桌面轮廓,看看是不是。

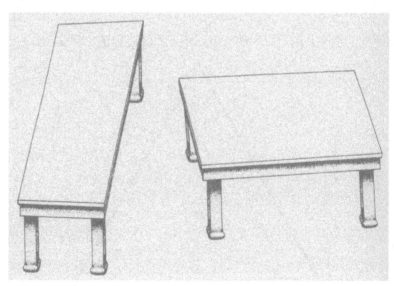

14. 平行

仔细观察图片,图中的这些水平线是平行的吗?

15. 平行线

仔细观察这幅图,图中两条横线是平行的吗?

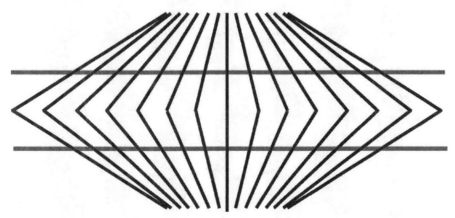

16. 曲线幻觉

仔细观察下图，这些竖线是弯曲的还是笔直的呢？

17. 不平行错觉

下面的图中，这些横线是相互平行的吗？

18. 平行还是相交

下图中沿对角线方向的七条斜线是相互平行的还是相交的？

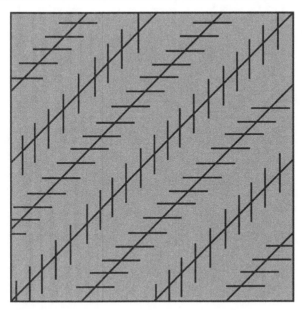

19. 策尔纳幻觉

下图中水平线是笔直而平行的，还是互成一定的角度呢？

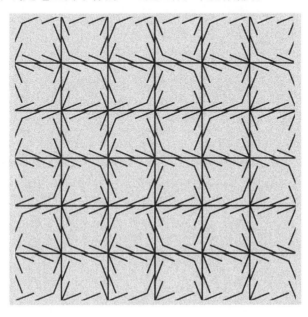

20. 这些线平行吗

仔细观察下图,这些横竖方向的线是直线吗?它们平行吗?

21. 这是正方形吗

在下图中,圆环上的图形是一个正方形吗?你最好用直尺量量看。

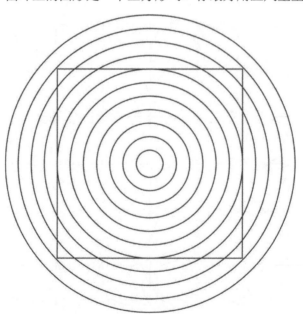

22. 这是个圆吗

下图中,中间的那个圈是标准的圆形吗?

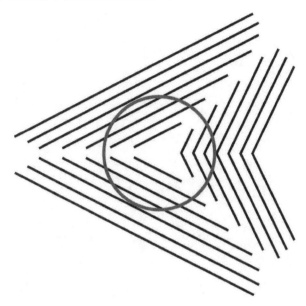

23. 圆怎么变成了心形

观察下图,图中的这三个圆看上去是不是有点像心形?

24. 弗雷泽螺旋

仔细观察下面的图形,它是一个螺旋吗?你能找到螺旋的中心吗?

25. 缠绕

图中的这些圆圈是相互交叉的圆还是同心圆?

26. 韦德螺旋

下面的图形真是一个螺旋吗？

27. 切斯塞尔幻觉

图中这些是完全的正方形吗？

28. 曲线错觉

仔细观察下图,你能看出周围的那些都是标准的圆形吗?不信就仔细看看吧。

29. 黑林幻觉

仔细观察这幅图,竖着的两条黑线看起来是不是向外弯曲的?

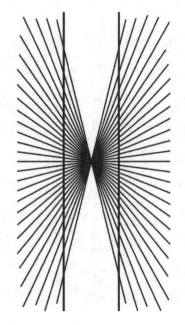

30. 奥毕森幻觉

仔细观察下面的图形,中间四条直线组成的图形是正方形还是梯形?

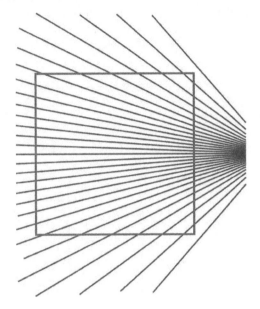

31. 伯根道夫环形错觉

仔细观察下图,其中圆圈缺口部分的两端能完整地接上吗?

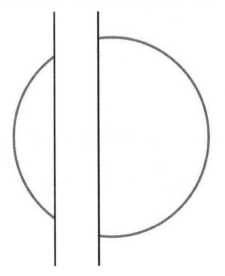

32. 盒子错觉

在立方体侧面上的这个图形中,哪条线与竖线垂直?哪条线不与竖线垂直?把立方体的边线遮住,我们就会发现我们的感知发生了变化。

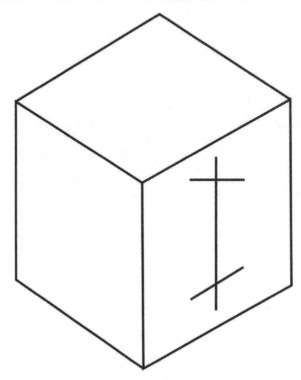

33. 庞泽幻觉

下图中的五个圆在一条直线上吗?

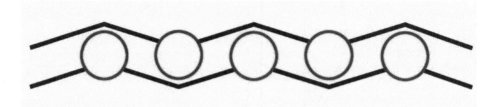

34. 不共线错觉

下图中人物的两只眼睛看起来排错了吗？那就请你用直尺检查一下吧。

35. 康斯威特方块

下图中，白色和黑色正方形围起来的两块灰色区域看起来哪个更亮一些？

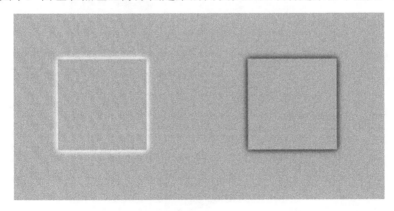

36. 消磨亮度幻觉

在"云"中心的黑白方块和其他的同色方块的明亮度是不同的吗?

37. 色度错觉

下图中,区域 A 和区域 B 的灰度哪个更深一些?

38. 蒙德里恩幻觉

下图中，两个箭头所指向的两段不同的光亮，上段是不是看起来比下段暗一些？

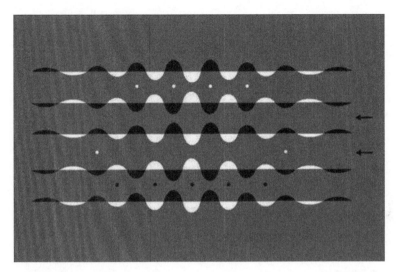

39. 共时对照幻觉

下图中，黑线条交叉处的白点是不是显得比白色方格更白更亮一些？

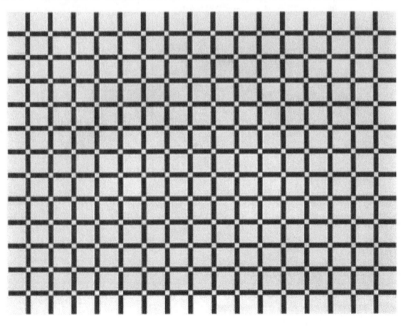

40. 冯特区域错觉

仔细观察图中的两个不同颜色的弧形物体，它们哪个的长度和半径要更大一些？

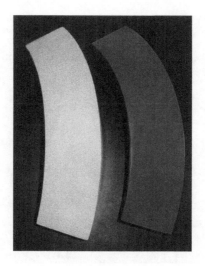

41. 冯特色块错觉

仔细观察下图，请把 ABCDE 五个色块按照从大到小的顺序排列出来。

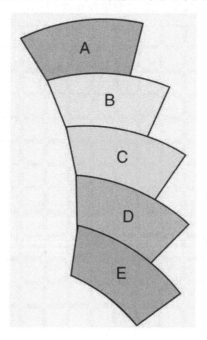

42. 双塔

仔细观察下图，你觉得图中的这两座塔哪个倾斜的角度更大一些？

43. 角度大小

仔细观察下图中的四个角度，不用量角器量，判断一下哪个大，哪个小。

44. 圆圈

只用眼睛看,你能不能判断出图中的上面哪条弧线可以与下面的弧线组成一个完整的圆形?

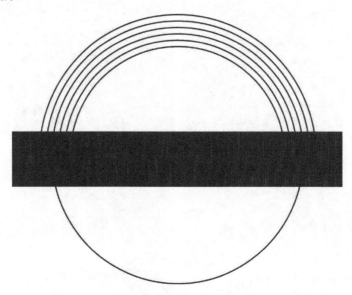

45. 直线

只用眼睛看,你能不能判断出右侧哪条直线与左侧的直线是同一条?

46. 奇怪的门

仔细观察下面的图，在上方和下方各有一个黑色的"门"，这两个"门"一样大吗？哪个要高一些？

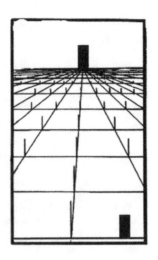

47. 隧道

图中的这条隧道里的三个小人儿，哪个最高？哪个最矮？

48. 恐怖的地下室

下图中，从地下室走廊里跑出的两个"怪物"，谁大谁小？

参考答案

1. 它们的色度是一样的，只是看起来左边的要比右边的颜色浅一些。

2. 看起来中间区域的背景色比周围的背景色要深一些，其实它们的颜色都是一样的。

3. 其实，这两个灰色方块的颜色是完全一样的。之所以会认为右边的颜色要深一些，是因为视网膜由许多小的光敏神经细胞组成。激活单独一个细胞是不可能的，某个细胞的激活总会影响邻近的细胞。刺激某个细胞得到较大反应时，再刺激它邻近的细胞，这种反应就会减弱。也就是说，周围的细胞抑制了它的反应。这种现象被称为"侧抑制"。

4. 帽子的高度和宽度是一样的。

5. 看上去在最高处和最低处的竖线更长一些，但其实这些竖线都是同样的长度。另外也许你已经注意到了，这些看起来竖线最长的部分，看上去竖线也更密集。而事实上，每两条竖线间的距离都是一样的。

6. 这两条线段是一样长的，只不过两个箭头的方向不同，使得第二个看起来要短一些。

7. 用尺子量一下你就会发现，其实线段 AB 和线段 BC 一样长，两个作为参照的平行四边形的存在使得 AB 看起来更长一些。

8. 这两条横线是一样长的，虽然下面的空白让下面一条线看起来有些短。

9. 这个图形很奇怪，看上去它的高要比宽长一些，其实它的轮廓是一个标准的正方形。

10. 这就是著名的"三角形错觉"。竖线看起来比边上的粗线长，其实它们是一样长的。

11. 看上去这个点距底边更远一些，但是你用尺子量一下就会发现，上下的距离是一样远的。

12. 这三个圆弧看起来弯曲度差别很大，实际上它们的半径是完全一样的，只是下面两个比上面那个短一些。视觉神经末梢最开始只是按照短线段来解释世界。当线段的两段逐渐延伸，并在一个大的范围内出现弯曲后，圆弧才会被感知到。如果给的是圆弧上的一小部分，我们的眼睛往往察觉不出它是曲线。

13. 它们确实是完全一样的。斯坦福大学的心理学家罗杰·谢泼德创作了这幅幻觉图。虽然图是平面的，但它暗示了一个三维物体——桌子。如果遮住除了桌面外的其他部分，你很容易就能辨别它们的大小。正因为桌腿和桌面下面的部分影响了我们对桌面大小和形状的判断。这个幻觉图形表明我们的大脑并不按照它所看到的进行逐字解释。

14. 这些水平线看上去相互之间有一定的角度，其实它们是相互平行的。

15. 图中两条横线看似弯曲的，而且中间靠得近，两端离得远，但其实这两条线都是直线，而且相互平行。旁边的放射线影响了眼睛的判断。

16. 这些竖线看上去似乎是弯曲的，但其实它们是笔直的，而且相互平行。当你的视网膜把边缘和轮廓译成密码，幻觉就偶然地在视觉系统里发生了。这就是曲线幻觉。

17. 看上去这些横线并不平行，其实它们是相互平行的。竖排交错的黑块造成了它们之间不平行的错觉。

18. 上图中杂乱的短线将大脑判断空间方位的细胞弄糊涂了，致使我们将对角线方向的线条误解为是不平行的，其实它们之间是相互平行的。要想消除这种错觉，只要将图倾斜，也就是将这七条斜线竖起来，从下沿对角线方向向上看，就会发现这些线是平行的。

19. 这几条水平线是笔直的，而且它们之间是相互平行的。

20. 不用怀疑，这些线都是直线，虽然它们看上去有些变形。横线之间都是平行的，竖线之间也同样是平行的。

21. 别怀疑，它真的是一个标准的正方形，尽管看上去四条边都向中间凹了进去。

22. 尽管它看上去不太圆，但它确实是个标准的圆形。

23. 是的，毫无疑问，这三个圆都是标准的圆形。周围的直线和折线让它们看上去发生了变形。

24. 看起来这个图形好像是个螺旋，但其实它是一系列完好的同心圆。用笔沿着"螺旋线"转一圈试一试，看是不是"又回到起点"？这是英国心理学家詹姆斯·弗雷泽设计的，创作于 1906 年。每一个小圆的"缠绕感"通过大圆传递出去，从而产生了螺旋效应。只要你遮住图片的一半，这个幻觉将不再起作用。

25. 这些是同心圆。

26. 这是英国视觉科学家、艺术家尼古拉斯·韦德向人们展示的他的弗雷泽螺旋幻觉的变体形式。虽然图形看起来像螺旋，但实际上它是一系列同心圆。

27. 这幅图是由比尔·切斯塞尔创作的曲线幻觉视觉艺术。这些正方形看起来完全变了形，但其实它们的边都是笔直的而且彼此平行。

28. 这又是一个曲线幻觉的例子，它是弗雷泽螺旋的一种变形。图中是一系列完好的同心圆。

29. 这两条黑色的竖线其实是完全笔直而且相互平行的，只是由于旁边放射状线条的存在，使其看起来像是弯曲的。这种幻觉是由 19 世纪德国心理学家艾沃德·黑林首先发现的，因此我们叫它黑林幻觉。

30. 别怀疑，这确实是一个完好的正方形。但是旁边的放射线会歪曲一个人对线条和形状的感知。它是黑林幻觉的一个变体，被称为奥毕森幻觉。

31. 看上去这个圆的左半部分要比右半部分的直径小一些，但其实这是一个完好的圆的两部分，是中间隔断它们的两条平行线干扰了我们的判断。

32. 不遮住盒子，我们会自然地按照空间位置去思考问题，所以大都会判断下面的那条横线与竖线垂直；而遮住盒子之后，这两横一竖三条线就成了平面图形，很显然，上面一条与竖线垂直。盒子错觉提示我们：为了确定图中心线段的位置，必须给我们的视觉系统提供一个背景。离开盒子的背景，我们的视觉系统就必须使用其他的东西作背景。

33. 这几个圆看上去并不共线，但其实它们排列得非常整齐。不信的话用直尺检查一下吧。

34. 看上去两只眼睛一高一低，其实它们在一条直线上。

35. 这是克莱克·奥·布莱恩设计的康斯威特方块，这个图形中除了白色和黑色的正方形外，其他区域的颜色是完全一致的，但是看起来黑色正方形围起来的区域要比白色正方形围起来的区域更暗一些。这个幻觉表明两个方块的边界使得两个亮度完全一致的灰色方块看起来会产生一点不同。

36. 这是卡尼札消磨亮度幻觉的一个变化。在"云"中间的黑块的亮度看上去比其他黑块稍浅，而在"云"中间的白块的亮度看上去比其他白块更亮一些。其实它们与别的相应色块的亮度是相同的。周围"云"的模糊造成了这种视觉上的错觉。

37. 其实阴影区域内的浅色方格 B 和阴影区域外的黑色方格 A 的色度是完全一样的。如果你不信，挡住其他部分，比比看。

38. 这幅图是由麻省理工学院的视力科学家泰德·安德森设计的，其实这两段灰色条纹的色度是完全一致的，黑与白的对比正好增强了这种幻觉。

39. 小白点看起来是位于黑色的背景上，这强化了每一个小白点和它背景之间的亮度对比。

40. 虽然左侧的看起来长度和半径都要大一些，但其实它们的长度和半径都是一样大的，而且它们的形状也是完全相同的。

41. 图中五个色块的大小和形状都是一样的，可是下面的看起来却显得比上面的大一些。

42. 右面的塔看上去倾斜更多一些，但是其实它们倾斜的角度是相同的，而且它们其实是同一幅图并列排列而已。

43. 它们都一样大，都是 90°。

44. 从外面数第三个。
45. 分别是上数第四根和下数第五根,你判断对了吗?
46. 看上去上面的"门"要高一些,其实它们是完全一样大小的。
47. 看上去最后面的要高一些,其实它们三个是一样高的。
48. 看上去后面那个比前面的要大很多,其实它们是一样大的。

第二篇

发现另类角度

基础知识介绍

网上流传过一个国外的典型试验。这个试验的场景是十几个身穿运动服的人互相边传递几只篮球边走来走去，受测试的人被告知要数出这些篮球一共在地上弹了多少次。测试开始后，一个由人装扮的高大威猛的大猩猩若无其事地从一侧进入，并在人群前敲打胸肌，稍事停留后，从另一侧离开，期间人们的传球游戏始终在进行着。测试结束后，受试者都回答了他们数出来的篮球弹地次数，但不可思议的是，所有人都没注意到期间有一只显眼的"大猩猩"走过。让他们重新看一次录像，并说明不需要数篮球弹地次数后，他们显然被中途出现的大猩猩吓到了。

心理学上把这种现象称为"注意盲目"，意思是说，当你集中精力关注某一个"焦点"的时候，往往会对其他东西视而不见。

与上面的测验类似，有个航空公司利用室内模拟飞行器对众多机长进行飞机着陆测验，模拟飞行器前面的大屏幕显示，在飞机将要降落"跑道"时，有一辆小汽车横穿跑道。结果，这些机长中竟然有许多人根本没看到汽车，这同样是"注意盲目"现象。因为这些机长当时只是聚精会神地关注着跑道灯、着陆标线、下降高度等"焦点"，却没有注意到那辆汽车。如果实际飞行着陆中出现这种情形，后果将不堪设想。可见，观察事物的时候，如果出现"注意盲目"，那是非常危险的。

20年前有个美国考察团到了中国的一些学校，看到的是学生们上课时正襟危坐，老师把讲义上的内容用粉笔写到黑板上，学生们则将黑板上的内容抄到练习本上，课堂秩序良好，学生们个个乖得像小绵羊。于是他们预言，20年后这些中国孩子将会成为栋梁之材。

20年前有个中国考察团到了美国的一些学校，看到的是学生们上课时个个"东倒西歪"，老师竟然坐在学生面前交谈，学生没学生样儿，老师没老师样儿，一派闹哄哄的景象。因此断定，20年后这些美国孩子绝对不会有什么出息。

这就是只从事物的一个角度出发进行判断所造成的误判。我们都学过苏轼的《题西林壁》，其中"横看成岭侧成峰，远近高低各不同"描述的是由于人所处的位置不同，看到的景物也各不相同。实际上，不仅仅是景物，一件事情也是这样，往往换种角度去看，去思考，就能看到不一样的地方，就会有不同的观察结果和结论。即使是在同一个角度，由于不同的人有不同的思维方式，他们也会得出不尽相同的结论。这两句诗的喻义再引申开来，可以有两种解释：一是对同一事物，由于我们所处的角度不同，便会有不同的观察结果和结论；二是即使在同一角度，由于不同人的不同思维方式，也会有不同的观察结果和结论。因此，当人们陷入困难的时候，不妨试着换个角度、换个方向去思考，或者不妨参考一下周围人的意见，看看别人会有什么不一样的想法。

> 有两个秀才一起去赶考，他们在路上遇到了一支出殡的队伍。看到那一口黑乎乎的棺材，一个秀才心里立即"咯噔"一下凉了半截，心想："完了，赶考的日子居然碰到这个倒霉的棺材。"于是，他心情一落千丈，走进考场后，那口"黑乎乎的棺材"一直挥之不去。结果，文思枯竭，最后果然名落孙山。
>
> 另一个秀才也看到了那口棺材，一开始心里也"咯噔"了一下，但转念一想："棺材，棺材，那不是又有'官'又有'财'吗？好，好兆头！看来我今天要鸿运当头了，一定高中！"心里十分高兴，于是情绪高涨，走进考场，文思如泉涌，最后果然一举高中。

人们对于事物，尤其是对复杂的事物进行观察体验的时候，由于所处的位置不同、角度不同、目的不同、心境不同、知识基础不同等，常常会对同一事物有不同的理解。当我们换一个角度看问题，事物可能就会截然不同。正所谓："山重水尽疑无路，柳岸花明又一村。"

> 1997年香港回归的时候，中英两国政府在香港会展中心举行交接仪式。7月1日零时整，随着中华人民共和国国歌响起，五星红旗也缓缓升起，并在国歌结束的时候正好升到旗杆顶端。
>
> 在交接仪式举行之前的几个星期，仪仗队遇到了一个严重的问题：当担负仪仗兵和升旗手任务的仪仗队在现场进行排练的时候，发现当国歌演奏完的时候，国旗却还没有升到顶端，总是相差一小段距离。担任升旗手的人都是已经练习了无数次的熟手，按理说应该是毫厘不差的，为什么在现场排练总是会差一段距离呢？负责人试图从升旗手个人的角度找原因，但并没有收获。后来，大家转换思路，会不会是旗杆的高度有问题呢？测量结果发现，这个旗杆竟然比原定的高度要高出一截。
>
> 可是时间上已经来不及拆除旗杆进行修改了。如果临时让升旗手稍微加快升旗速度，也不能保证精确无误。最终大家转换思路想出了解决方法：在旗杆根部的地毯下加了一块和旗杆多出的高度相同的垫板，这才使最后的升旗仪式准确无误地顺利进行了。

这件事告诉我们，在紧急情况下，只有沉着冷静地换个角度观察、分析问题，才有助于问题及时、有效、彻底地得到解决。

> 在一次会议期间，东道主安排客人游览风景优美的雁荡山，夜宿朝阳山庄。次日清晨散步，客人才发现，这个酒店大门的牌匾上有手书"朝阳山庄"4个大字，落款是某领导人。客人非常羡慕地说这家酒店"面子"真大，能让某领导人题字。不料，陪同者道出了一个"秘密"：原来那个领导人到雁荡山时，曾在酒店贵宾签到册上写下了自己的名字，然后在下面写下了"某年某月某日于朝阳山庄"一行小字。结果，酒店老板便把"朝阳山庄"四个小字放大成为题字，把领导人的名字缩小作为落款，成为这家酒店的牌匾。

这个商人的精明让人佩服，而且处理其他事情的胆识与独到，也是令人叫绝的。这种"点子"，也只有能从多种角度看问题的人才能想出来。

> 一位老妇人有两个女儿，大女儿嫁给一个卖雨伞的人，二女婿则靠卖草帽为生。一到晴天，老妇人就唉声叹气，说："大女婿的雨伞不好卖，大女儿的日子不好过了。"可一到雨天，她又想起了二女儿："又没有人买草帽了。"所以，无论晴天还是雨天，老妇人总是不开心。
> 一位邻居觉得好笑，便对老妇人说："下雨天你想想大女婿的伞好卖了，晴天你就去想二女婿的草帽生意不错。这样想，你不就天天高兴了吗？"
> 老妇人听了邻居的话后，从此天天脸上都有了笑容。

我们身边的无数事例说明，灵活的思维方式和正确的观察角度是多么重要。怎么"想"、怎么"看"，继而才能决定怎么"办"。

> 一次会议时，多种职业背景的人一起吃饭。面对桌上的一盘煮鸡蛋，美食家说："我不吃煮鸡蛋，它不好吃。"
> 营养学家说："煮鸡蛋的营养是最全面的。"
> 经济学家说："我喜欢煮鸡蛋，什么都包在蛋壳里，一点浪费都没有。"
> 同桌的人相顾无言。

面对一只煮鸡蛋，不同的人有不同的观点，而且都有道理，而且也无从评价这些道理格调的高低。

传说达·芬奇学画之初，老师一直让他画鸡蛋，从不同角度去画，由此奠定了一个大师的基础。你有没有尝试学着全面地看问题呢？不是为了成大师，只为了生活中和工作中少一些盲目与是非。

面对长袍，盲人作家海伦·凯勒看到的是一袭华美，虽然有几只虱子，可又怎能抵消得了长袍的华贵？于是她选择了坚强地活着，而且活出了生命的精彩。而青年诗人海子却只看到了丑恶，尽管袍子华美，可在他眼中却已被过滤得只剩下一堆肮脏的虱子。于是，他选择了结束自己的生命。在让虱子无处附着的同时，长袍也破碎了。他们是两种视角截然不同的人，一个看到美丽，一个看到缺憾；一个面对半瓶酒惊喜地说：还有半瓶呢！一个却悲伤地说：唉，只剩半瓶了。

随着目的不同，观看的角度也随之改变，有时不是你看不到，而是你站错了位置。选择一种恰当的观察角度，能够发现事物的另一面，也能体会到一种别样的美好。

所以，我们要学会从不同的角度(远近高低)、不同的方位(上下左右前后)、不同的方面(色香味等)去感受，这样我们才能把事物更加全面、具体、立体地表现出来。无论是写作、绘画，还是工作、心态……都是如此。

观察训练营

49．公园里的狮子

这座美丽的公园里闯进了一头狮子，你能找到它吗？

50. 脸

在这幅图中,你能找到几张脸?

51. 鲁宾的面孔

仔细观察下图，你看到的是一个花瓶还是两个人的侧面头像？

52. 栏杆中的人

你能发现藏在栏杆之间的人形吗？

53. 凯尼泽三角形

你能在下图中找到一个三角形吗?

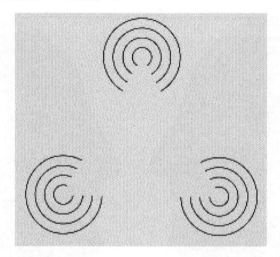

54. 男人还是女人

在下面这幅图中,你看到的是男人的腿还是女人的腿呢?

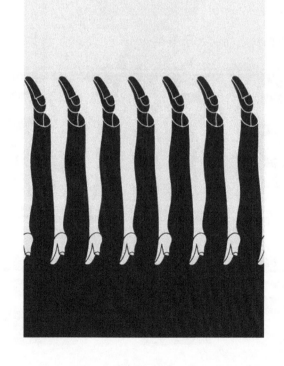

55. 隐藏的单词

在这幅图中，除了一堆黑色的东西外，你能找到一个英文单词吗？

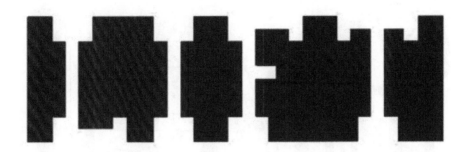

56. 背景幻觉

这是斯坦福心理学家罗杰·谢泼德的作品，叫《节约时间的暗示》。你看到的是排队下楼的人还是上下的箭头？

57. 两套厨房用具

在下面这幅图中,你看到多少厨房用具?

58. 不同动物的镶嵌

仔细观察这幅图,你能找出多少种动物?

59. 怪物镶嵌

仔细观察这幅图，你能发现它有什么特别的地方吗？

60. 老人与情侣

在这幅图中,你看到的是什么?是一张老人的脸,还是一对情侣在花团锦簇的公园接吻?

61. 人群

你看到的是一个老人还是一群人,他们都在干什么?

62. 老妇与少女

在下面这幅图中,你看到的是一个少女还是一个老妇?

63. 萨克斯手与美女

你看到的是一个美女还是一个萨克斯手?

64. 单词

你看到的是一个男人,还是一个英文单词"liar"?

65. 手掌与狮子

这是一个手掌还是一头狮子？

66. 爱情的背后

这对恋人背后是否存在什么危险？

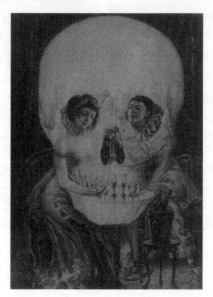

67. 角度

这是什么？青蛙？那么换个角度再看看。

68. 老妇与少女

你能在这幅图中找到一个少女吗？

69. 变老的错觉

你想看看这个年轻人老的时候是什么样子吗？

70. 海鸟还是海岛

这是一只海鸟，你能帮它找到它栖息的家园海中小岛吗？

71. 因纽特人

你看到的是一个印第安人，还是一个因纽特人？

72. 伪装错觉

在下面这幅图中，你能找到一条漂亮的小狗吗？

73. 大象的腿

仔细观察这幅图，数一数，你弄得清这只大象到底有几条腿吗？

74. 这是什么结构

数一数，这里一共有几根并排的木棍？

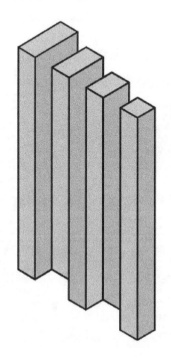

75. 不可能的叉子

让我们来数一下,这个叉子有几个分岔?

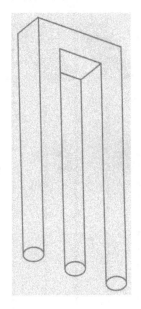

76. 筷子三塔

这幅图有什么特别之处吗?其中到底有几根筷子?

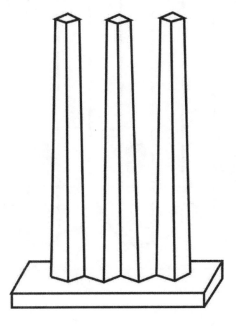

77. 三个还是四个

仔细观察这幅图,图中有什么不对劲的地方吗?

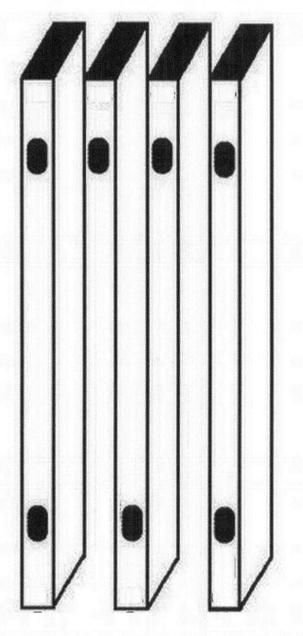

78. 奇特的烤肉串

如图所示的这个烤肉串,它奇特在哪里?你发现了吗?

79. 凯旋门

仔细观察这个图片,图中的这座"凯旋门"到底是面向哪个方向?

80. 三角形

这是奥斯卡·路透斯沃德的一幅三角形精简图。这个三角形有可能存在吗?

81. 扭曲的三角

这幅图有问题吗?

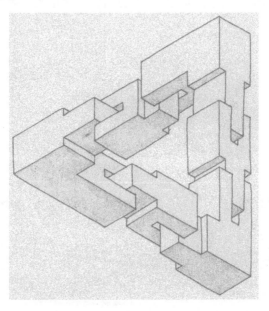

82. 不可能的螺丝帽

仔细观察下图中的螺丝帽，它有什么特别之处吗？

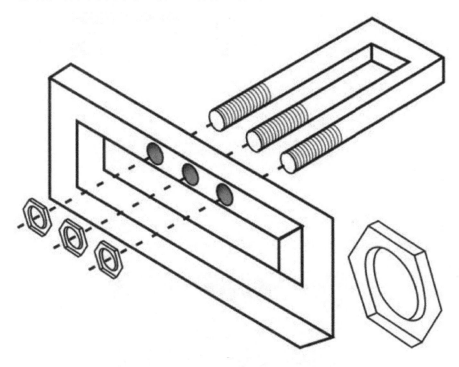

83. 不可能的书架

仔细观察这幅图，图中的这个架子到底有几层？

84. 反射错觉

仔细观察这幅图，图中这是什么建筑？

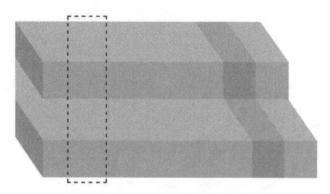

85. 望楼

仔细观察这幅图，其中有什么特别的地方？

86. 上升和下降

仔细观察这幅图，图中有什么特别的地方？

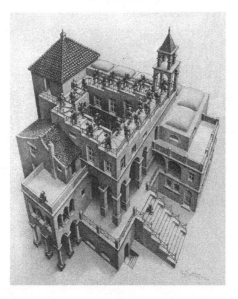

87. 瀑布

仔细观察这幅图，图中有什么特别的地方？

88. 上与下

仔细观察这幅图，它有什么特别的地方？

89. 楼梯

仔细观察这幅图，图中有什么特别的地方？

90. 相对性

仔细观察这幅图，图中有什么特别的地方？

91. 手画手

仔细观察这幅图，图中有什么特别的地方？哪个才是画者的手？

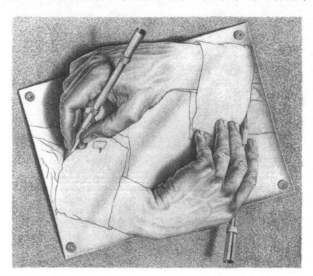

92. 网格错觉

下图中,在黑方格交错的地方,你是否看到了黑点?数一数共有多少个?

93. 闪烁的点

你看到图中有一些闪烁的黑点了吗?

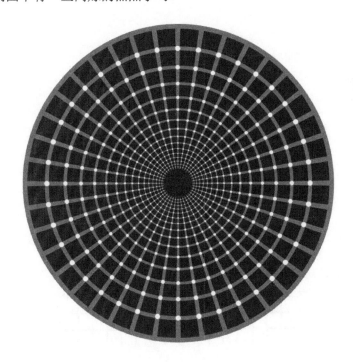

94. 幻觉产生幻觉

你看到一个个白色的圆圈了吗?还有哪些交叉位置的白点?

95. 虚幻的圆

在这幅图中,你能看到一个圆圈吗?

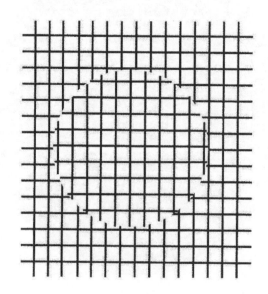

96. 注意力幻觉

集中注意力盯着中心的小黑点,前后移动你的头部,你看到了什么?

97. 旋转斜线错觉

眼睛盯着中间的黑点,然后将你的头部靠近书,或者在你靠近书之后逐渐远离,这时你发现了什么?它动了吗?

98. 它动了吗

仔细观察这幅图，你看到它动起来了吗？

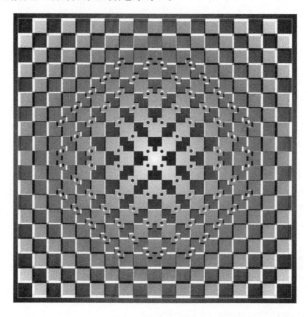

99. 咖啡店幻觉

仅凭眼睛判断，图中心的方块是凸出来的吗？然后用直尺检查一下。

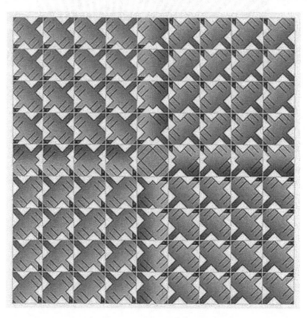

100. 凯淘卡波

仔细观察下图,这些由黑白格子构成的横竖线条是直线还是曲线?

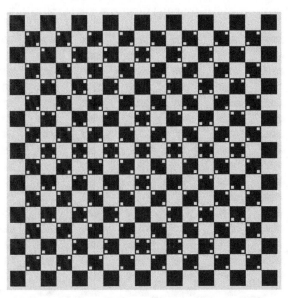

101. 棋子

这是凯淘卡波的一个变形,你看到这个图的中间凸起了吗?

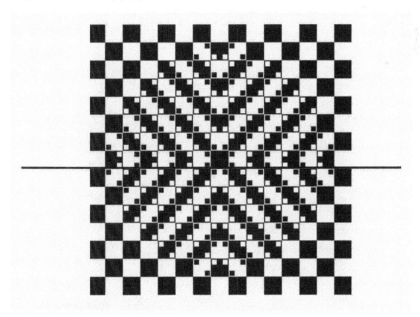

102. 大内错觉

这是欧普艺术家大内初(Hajime Ouchi)创作的错觉图案。前后移动你的头,并让眼睛在画面上转动,注意中间的圆圈和其背景,它们动起来了吗?

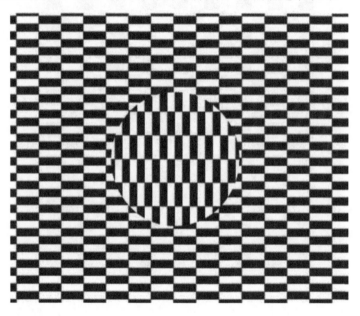

103. 静止还是运动

有些图本来是静止的,可当我们观察它时,却能感觉到它们在运动。你发现了吗?

104. 方向余波

盯着左图的条纹看三十秒(30s)或更久，保持不要动。然后迅速盯着右图的条纹看。你发现了什么？

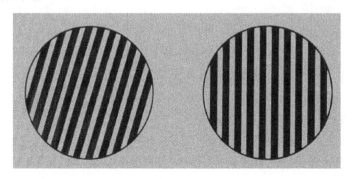

105. 圆圈

下图中有一些圆圈，你看到了吗？仔细观察，它们是不是比背景的白色更亮一些？

参考答案

49. 两棵树与它们之间的栏杆围成了这头狮子的大致轮廓，那个坐在河边的人的帽子就是狮子的鼻子。

50. 这幅图中的人像很明显，一共有 10 个。

51. 这幅图是心理学家爱德加·鲁宾设计出来的，其灵感来源于一张 19 世纪的智力玩具卡片。这幅图的神奇之处就在于花瓶和面孔这两种解读都能看得到。但是，在同一时刻，你只能看见面孔或只能看见花瓶。如果继续看，图形会自己调换以使你在面孔和花瓶之间进行选择。

52. 这些人形就在每两个栏杆之间的空白区域。这类错觉最典型的是以两个或多个并排的柱状物的形式出现，而柱状物在背景中的轮廓则构成另一个新的图形。

53. 有时，一些图像即使它们没有边缘和轮廓，我们也能发现它们。

54. 如果我们看白色部分，那是女人的腿；而当我们看黑色部分时，出现的却是男人的腿。

55. 这些看似凌乱的黑块中间的白色背景构成了一个英文单词 LIFT。

56. 当我们看黑色部分时，是排队下楼的人；而当我们看白色部分时，则是两排上下的箭头。

57. 在这幅图中，我们能看到黑色和白色两套厨房用具。你找全了吗？

58. 我们以前看到的镶嵌图形都是一种或者几种相同图案的规律镶嵌，而这幅图的特别之处就是镶嵌整个画面的动物各不相同，但它们却互为背景，完好地铺满了整个平面。

59. 这幅画是荷兰著名的视错觉画家埃舍尔的作品。图中有四个爬行的怪物，互为背景。

60. 从整体上看是一张老人的脸，而当我们仔细观察这个老人的眼睛和鼻子部分的时候，就会发现那对接吻的情侣，以及周围的花。

61. 旁边一个女子在做饭，另外几个人在跳舞。所有这些又组成了一个老人的轮廓。

62. 老妇和少女同时存在于这幅图中，但你不可能同时看见她们。因为我们的大脑对同一静止图像赋予了不同的意义。你对每一种图形的知觉总是保持稳定，直到你的注意力转移到了别的区域或轮廓上去。

这张图片的原图印刷在德国的一张明信片上，于 1888 年发行，是目前发现的最早的此类图片。这一图形后来被许多人改编过，其中两位著名的心理学家于

1930年使用过这一图形，从此它开始闻名世界。

63. 如果你只看黑色部分，它是一个萨克斯手；如果你看后面的白色背景，它就是一个美女。

64. 这些线条侧着看是一个英文单词"liar"，而连起来则构成了一个男人的面部轮廓。

65. 这幅图既可以被看成是一个手掌印，也可以被看作是一头狮子。

66. 这对恋人加上他们中间的茶几，以及后面的拱门共同构成了一个骷髅图案。

67. 很多时候，我们熟知的一些事物，换个角度去看时，就不再认识它了。这幅图只要换个角度观察，就会从一只青蛙变成一匹马。

68. 你只需将这幅图倒过来就会发现她，神奇吧！

69. 其实很简单，你只要把这幅图颠倒过来就可以了，如下图所示。

70. 只要你将这幅图颠倒过来就会发现，海鸟变成了一座海岛，上面长着大树和小草，旁边一个人划着小船，船边还有一条鱼。

71. 它既可以看成是一个印第安人大大的脸，还可以看成是一个因纽特人的背影。

72. 我们的视觉系统始终是在关注一个物体，这种效果称为知觉的整体性。

伪装就是利用了这种整体性。当你看这幅图时，你会试图极力寻找它的意义。开始会有些困难，经过一阵努力或给出提示后，你的视觉系统就有了足够的线索认出它来。这些看似毫无规律的黑点组成了一只漂亮的斑点狗，它好像在低头嗅着什么。但是，当你看到了这只狗，你会发现再把这幅图理解成完全无意义的黑点，简直是不可能的！对于你来说，这幅图变得永远有意义了。

73. 从上往下看，毫无疑问是四条。但是当你看到大象的腿时，你会发现竟然有五只。美国斯坦福心理学家罗格·谢波德以三叉戟为基础创作出这幅大象图。为了不至于数不清象腿，谢波德采用了更加清晰的线条，但这幅图中没有固定的边线。

74. 从上面看毫无疑问是四根，但是当我们看到下面时，你会发现竟然变成了五根。

75. 遮住这个图形的上半部分，你将发现有三个分岔；而遮住下半部分，你会发现只有两个分岔。这幅图 1964 年开始出现于各种出版物中，没有人知道谁首先创造了这个著名的图形。

76. 遮住上面和遮住下面筷子的根数完全不同，四个变成了三个。

77. 这是一个不可能图形，只要你仔细观察就能发现中间的木板不是封闭的，这就造成了这种不可能结构。

78. 仔细观察这幅图，你会发现这个图形根本不可能实现。在左边是四个横块，而右边却变成了三个。除了最上面和最下面两个横块外，其他的根本不是一个完整的整体。

79. 从上面看和从下面看是完全不同的，它朝向两个不同的方向。我们可以将图遮住一半，那样更方便观察。当遮住上一半和遮住下一半的时候，它的朝向是完全不一样的。

80. 不可能。里面的斜边视觉上似乎成立，其实现实中是不可能的。

81. 看最上面的木板，木板的接嵌方式是不可能的。线条是不可能在 3 个点处忽然转弯的。

82. 这个螺丝帽是不可能存在的，而且不光如此，这个方形的零件和这个三柱的螺丝杆也是不可能图形。

83. 看上去只有两层的架子，却放了三层小球。当然，这是个不可能的图形。

84. 看它的左边，像是三个堆积在一起的木块；再看它的右边，却像是两级台阶。这是一种不可能的建筑。

85. 这幅画是荷兰著名的视错觉画家埃舍尔的作品。其中最奇怪的地方在于中间一层的几个柱子，以及架起来的梯子，它们都处在一个不可能的位置上。

86. 这幅画是荷兰著名的视错觉画家埃舍尔的作品。你会发现楼顶那群人走的楼梯，顺时针看楼梯一直在上升，但是他们却在转圈。

87. 这幅画是荷兰著名的视错觉画家埃舍尔的作品。仔细观察你就会发现这个从高处流下来的瀑布的水，竟然自己又流回上面，形成了一个循环。

88. 这幅画是荷兰著名的视错觉画家埃舍尔的作品。奇妙的是，你会发现自己根本区分不出哪里是上，哪里是下。无论哪种想法都会推出让人无法理解的结论。

89. 这幅画是荷兰著名的视错觉画家埃舍尔的作品。在这个错综复杂的楼梯中，我们很难找出这些楼梯的相对位置关系。

90. 这幅画是荷兰著名的视错觉画家埃舍尔的作品。埃舍尔在他的作品中，经常把艺术与科学结合，他的"不可能的结构"印刷品和木雕画非常出名，其中就包括这幅著名的《相对性》错觉。我们单独看这幅图的任何小细节，都没有任何问题。但是当把它们综合在一起，形成一幅完整的图的时候，就出现了各种不可能。所以说，可能与不可能也是有相对性的。

91. 这幅《手画手》具有很强的视觉冲击力，是荷兰著名的视错觉画家埃舍尔版画中最著名的代表作。一只手在创造另一只手，可那被画出来的手渐渐地走出死气沉沉的平面，成为三维世界活生生的手，并且创造了它的创造者。这就上升为"谁创造了谁"的哲学问题。当然画面里没有答案。

92. 你会发现你可以看到这些黑点，但是却数不出来，它们像是存在又像是不存在。当你整体去看时，它们在那里跳动，当你盯着某一点去看时，它们又不见了。这种现象是德国视觉科学家迈克尔·施若夫和 E. R. 威斯特首先发现的。这种幻觉产生的原因目前还不十分清楚。

93. 当我们转动眼球的时候就会发现那些原本是白点的地方出来了一些闪烁的黑点，而当你注视它的时候，它又不见了。

94. 这幅精彩的幻觉图是英国视觉科学家、艺术家尼古拉斯·韦德创作的。在交叉部分我们能看到微弱的朦胧的白色小点，这些点又产生出一系列同心圆的印象。

95. 我们的大脑企图看到一些以前看过的规则图案，就像图中的这个圆，其实它并不存在，没有任何轮廓和边界。但我们的大脑还是会补完整它，以符合我们过去的经验。

96. 你会看到两个环会自转，而且当你的头部靠近或者远离它时，两个环旋转的方向也不相同。这幅图是由意大利视力科学家 B.皮娜和 G.格力斯塔夫在 1999 年发现的。尽管我们不能清楚地解释这幅幻觉图，但它很可能是由于视觉轮廓处理过程的一种低水平机制的特殊性质而引起的。

97. 当你接近图片时，可以观察到中间的辐射线圆环逆时针转动。当你远离图片时,它们则顺时针转动。视觉科学家西蒙·戈里和盖·汉堡在德国弗莱堡大学时创作了这个旋转斜线错觉。

98. 随着我们眼睛的运动,你会发现中间部分就像有个气泡要鼓出来一样。

99. 这幅图的作者是日本艺术家兼视觉科学家北冈明佳。中间看上去有些凸出,但却是在一个平面上。图中这些横竖排列的线都是直线,而且相互之间平行。也就是说每个小方格都是标准的正方形。这是每个小格中背景的不同角度造成的错觉。

100. 看上去这些横竖线条是上下或者左右弯曲的,其实它们都是直线,而且相互平行。

101. 这是一张错觉图片,中间部分看上去有点向外突出,而由黑白方块构成的横竖线条则向中间弯曲。其实这是你的眼睛在欺骗你,这个棋盘是在一个平面上,并不存在任何凹凸,而且所有的横竖线条和棋子都是处于平行线上,而不是我们所看到的那样是处于曲线状态。

102. 你会发现中间圆圈内和外面的背景互相独立地进行移动。德国弗莱堡大学视觉科学家洛萨·斯皮尔曼(Lothar Spillman)在浏览大内的《日本光学和几何学艺术》一书时,偶然见到这一错觉。之后,大内错觉被斯皮尔曼介绍到视觉科学界,并大受欢迎。

103. 仔细观察这幅图,你就会发现这些条纹在不停地运动。

104. 你会发现右边的条纹弯曲变形了。

105. 虽然这些圆圈在客观上并不存在,但是周围的线确实让它们看上去就是一些圆圈。因为周围向外辐射发散的线条,让我们错误地觉得这些圆圈比其背景更亮。其实它们是一样的。

第三篇

积极锻炼眼力

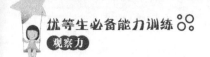

基础知识介绍

人要认识世界必先要观察世界。眼力就是人在感知世界中发展出来的一种能力。眼力不仅仅是指观察力,它还包括理解、判断、分析、逻辑推理等一系列能力。敏锐的眼力可以使我们避免受表面现象的迷惑,而真正地看到事物的本质和变化的趋势;可以使一个人变得更加睿智、严谨,发现许多人所不能发现的东西。

眼力对于一个人来说是非常重要的。毫无疑问,它们已经成为一个人智力情况的反映。有好眼力,我们学起东西来会更容易,也会使我们的抽象逻辑思维能力有一定的发展,这在一定程度上又促进了观察的深度,使得我们能够更加正确、全面、深入地去观察和思考。

在观察的过程中,我们不仅需要对被观察对象的形象、声音、气味、规则、原理等有深入的认识,还要通过观察了解事物的内在实质。也许你认为,观察就是视觉的"看"。其实,观察作为一种感知方式,不仅仅是用眼看,还包括用头脑去辨别、分析、记录等,这样才能发现事物细小和隐藏的特征,也才能找到自己想要寻找的结果。

不同的事物,观察的顺序和方法也是不同的。这要依据被观察对象和观察目的来决定。观察的顺序,可以从上到下,可以由远及近,也可以自内而外……不同的观察顺序发现的事物特点也有可能不一样。

但不管怎样,我们观察一个事物,首先都要确立观察目的。也就是先确立被观察对象、如何观察、达到什么目的或者想得到什么结果。只有明确了这几个方面,我们才能在观察的时候把注意力集中到关键点上,主动地有意识地去寻求答案。这样可有效地避免走马观花、视而不见,或者避免忽略事物的本质特征。

我们要在观察前制订好观察计划,对要观察的内容和所用的方法做出安排。先观察什么,后观察什么,观察前就要打算好。如果在观察时毫无计划,没有条理,就不会有大的收获。

> 在德国发生过这样一件事。某天,一些心理学家在一起开会,忽然,一个人冲进会场。紧接着,一个黑人拿着一把手枪追着他相继而入。两个人当场搏斗起来,随后一声枪响,没有打中。两个人又相继跑了出去。这个紧张的场面仅仅持续了几秒钟。
>
> 这时,会议主持人让在场的心理学家们就这次经历写下目睹记录。结果让人大跌眼镜,居然有好几个人没有注意到那个黑人是光头!
>
> 一般来说,心理学家的观察力应当是比较强甚至是比较精确的。但为什么这一次这么多人的观察结果有失偏颇呢?

> 这是因为事件发生得非常突然，在场的心理学家们没有思想准备，所以都没有明确的观察目的和观察计划，才会对黑人是光头这一重要事实视而不见。

所以说，要进行有效的观察，必须明确观察目的，并制订相应的观察计划。

观察力和智力一样，在人与人之间存在着巨大的先天差异。人们之间的观察力的差异主要表现在以下三个方面。

第一，注意力。注意力集中的人，在观察时，不为外界所干扰，甚至达到忘我的境界，更容易进入角色，找出需要的结果。注意力不集中的人，在观察时，心猿意马，见异思迁，没多久甚至连自己要做什么都不知道了。

第二，敏锐性。敏锐性强的人，在观察时，能够看出一般人看不出的问题，能注意到更多细节，也善于把握重点。

第三，周密性。我们在观察时，常常会受到生理、情绪、偏好、知识等方面的制约，导致产生误差。做事周密的人，在观察时，总是考虑得较全面，力求准确无误，结果也会反复核对，以最大限度地避免误差，提高观察的准确性。

人的观察力并非与生俱来的，而是在学习中培养，在实践中锻炼出来的。即使是过目即忘的人在经历过一系列的从易到难的学习过程后，其观察力也会得到一定的提高。观察力贵在培养，更重要的是能养成长期观察的良好习惯。

其实，要锻炼观察力，我们的身边就有很多素材。身边的事物、所处的环境、认识或不认识的人，我们都可以着手观察。比如：家里的某些摆设物品的位置有了轻微的变化、一个朋友最近刚打了耳洞或割了双眼皮、今天新来的同事是个左撇子、公司旁边新建了一栋高楼、今天上班的路上车辆比以往少了一点，等等。

观察，不仅要看到其内在本质，也要发现事物的变化。对比是训练观察力的好方法，如：今天和昨天马路上车流的变化、天气的变化、股市的变化等，并由此推测其未来的可能趋势。

此外，我们要想拥有敏锐的观察力，除了靠平时一点点的学习和积累来培养、锻炼外，通过图形思维游戏来锻炼观察力，也是一种简单有效的训练方法。德国著名数学家希尔伯特曾说：几何图形是画出来的公式。我们在解决这些图形问题和空间问题的时候，需要将观察能力与逻辑分析能力有机地结合在一起。

下面就来看看，还有哪些实用的方法可以锻炼我们的观察力吧。

(一)数数目

数数目就是在不接触物体的情况下，将视野中的某个物体的数目数清楚。这么做的目的是锻炼视觉对数目的敏感度，让我们可以将数字直接与视觉联系起来。我们可以先从静止的物体开始数，比如路边的房子、河边的树、小区里停放的车，甚至可以数一下天上的星星……练习一段时间之后，可以加深一下难度，数运动物体的数目。比如天空飞过的鸟、路上开过的汽车、公园湖面上的游船……最后我们可以锻炼一下瞬时记忆。比如随手抓几块小石头，在眼前快速伸开手掌看一眼就合起来，然后立即说出手里石头的数目。有的人只要一眼就可以数出来，有的人则需要数一遍才行。开始练习时可以只抓四五块小石头，然后逐渐增加，直至增加到十个以上。通过不断的练习，你辨别数字所要花费的时间会越来越少。速度越快，你的视觉灵敏度也就越高。

(二)找物品

站在房子里或者户外，找一件物品，比如笔、梳子、钥匙、台灯、椅子或者石子、树木、花草、特定形状的云彩等。保证眼睛与物品之间的距离超过 1m，自然站立，目视前方。按一定的顺序把视野里自己比较关注的物品逐一观察一遍。然后闭上眼睛，默数 60~90 下，时间为 1~1.5min，然后回忆这些物品的形象及它们所在的位置。先从简单的物品开始找起，熟练后可以逐渐寻找复杂的物品。观察时多注意一些细节，包括衣服的颜色、植物的形状、人们的姿势和动作等。尽可能多地记住物体不同部分的特征，记得越多越好。回忆时要尽可能多地想出更多细节。然后睁开眼睛，对照实物，校正你大脑中的印象与实物的差别，直至它们完全一致。也可以请另外一个人帮忙，两个人紧挨着站在一起，一个人指出一种同时出现在两人视野中的物品，要另外一个人去观察寻找。或者在某一环境中关注一种形状或颜色，试着在周围其他地方找到它。

(三)想过去

想过去就是回忆，也叫回想。它是练习观察力最有效的方法之一。我们可以在任何时间、任何地方进行练习。比如，当你睡觉前躺在床上闭上眼睛回想一下今天都去了哪些地方，做了些什么事，遇到了什么人；或者回想一下你比较熟悉的环境，例如客厅或者办公室内的摆设及它们的位置，要尽可能多地回想，越详细越好。尽量回忆出更多细节，不仅仅要想起桌子上放着一份当天的报纸，还要想起报纸上那个醒目的大标题……慢慢地，你就可以在走过一段陌生的道路或者进入一个第一次来的房间后，很快就把周遭环境看得非常清楚了。

(四)变角度

所谓"横看成岭侧成峰"，对同一对象，不同的观察者基于不同的立足点观察的结果也不一样，即使是同一个观察者，选择的观察角度不一样，结果也不一样。就像同样是画竹子，"扬州八怪"之一的郑板桥和北宋的画竹高手文同对竹子的理解却大相径庭。文同对竹子有深入细致的观察，故其画竹法度谨严。文同家的附近有一大片竹林，他便时时前去观察不同时辰、不同季节、不同角度竹子的不同姿态。文同主张画竹必先"胸有成竹"，对各种竹子的各种不同状态都有了透彻的了解，才提笔作画，而郑板桥却不相同。他自谓画竹多于纸窗粉壁见日光月影的影射怪取得。板桥胸中之竹，已然不是眼中之竹了。郑板桥曾题道："吾之竹清俗雅脱乎，书法有行款，竹更要行款，书法有浓淡，竹更要有浓淡，书法有疏密，竹更要有疏密。"他以竹之"介于否，坚多节"来表达自我孤高的情操。所以说，观察角度没有对错，要根据自己的观察目的制订相应的观察计划，这样才能得到理想的结果。我们在联系观察时要对同一事物进行多角度的观察，并进行对比和分析。

(五)抓细节

细节特征在我们的观察过程中起着非常重要的作用，它往往是一个事物区别于其他事物的最有效方法。在生活中最常见的细节就是我们分辨每个人的外貌特征。你能够很容易地认出周围比较熟悉的人，但是如果闭上眼睛，你还能回忆出对方的样子吗？包括身材、脸型、眼睛、眉毛、鼻子、嘴巴等。如果他有一双大眼睛，那么你能确定地说出他的眼睛有多大吗？他是单眼皮还是双眼皮？有没有眼袋和鱼尾纹？眼睫毛是长还是短？是浓密还是稀疏……要想注意到这些细节，我们需要在观察时有足够的注意力和关注度。从留意观察身边的事物开始，时刻提醒自己留意细节，慢慢地，观察细节就会成为一种习惯渗透到你的日常生活中。

(六)看整体

有些时候，我们并不需要太过仔细地观察所有细节，而只需对其有个大概的了解即可。这个时候我们就要侧重于整体观察。比如我们去逛街，整个一条街道走过去，对周围的地形、景物、店铺要有个大概的了解。购物商场里，哪层楼是卖什么的，看过一遍之后要心里有数。这项技能不需要特意地练习，只要我们在日常生活中时时留意就可以得到提高。比如在上班或者上学的路上，留意一下两侧的风景、路边的树木、各种店面的位置，以及哪里有医院、哪里有银行，等等。在你需要的时候，闭上眼睛就能回忆出来。

(七)练速度

速视是一种快速记忆。在生活中，有的时候事件的发生稍纵即逝，我们需要在眨眼之间，甚至短至 1s 以内的时间去看清并记住一些东西。如马路上急速行驶的汽车的车牌，电视广告上一闪而过的电话号码，擦肩而过、只看一眼又需要记住模样的陌生人，等等。练习速视的方法有很多。可以用中等速度穿过一间房间、教室或办公室等，边走边留意尽可能多的物体。然后开始回想，把你走过的路线两旁所看到的物体尽可能多地写出来，然后返回与实景对照补充。也可以从一副扑克牌中抽出十几张像"天女散花"一样散落在地板或者床上，迅速看一遍，然后闭上眼睛回想有几张正面朝上，几张背面朝上。正面朝上的牌中，有几张红桃，几张方块，几张梅花，几张黑桃……还可以在电脑上玩"记忆牌"游戏，即先看几秒钟桌上摆放的若干张有着不同花纹的纸牌，然后把纸牌倒扣过来，我们凭借刚才的记忆找出哪两张牌的花纹相同。速视不仅可以有效锻炼视觉的灵敏度，锻炼视觉和大脑在瞬间强烈的注意力，而且还可以使你的反应速度变快，人也变得更加聪慧。

观察是一种用心的行为，而非随随便便地"看"。对于一栋高楼，如果只是简简单单地看，你可能只是记得"它是一栋楼"。而通过观察，你可以数出它的层数、算出它的高度，等等。

著名生物学家达尔文说过：我既没有突出的理解力，也没有过人的机智，只是在观察那些稍纵即逝的事物并对其进行精细观察的能力上，我可能在众人之上。

观察训练营

106. 交通问题

穿越格子城对司机来说简直是噩梦。问题并不在于交通拥挤，而是多得让人发疯的交通标志牌，它们总是让你不能转向你所希望的方向。最近地方当局把问题搞得更糟了：它们不仅增加了原有交通标志牌上的方向记号，还添了新的标志牌。这使得每一个十字路口都至少有一个方向不能转弯。现在，从城市一端到另一端，可能要兜很多圈子。

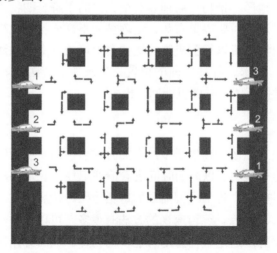

你能为这三辆车找到穿越城市的路吗？每一辆车的入口都在左边，出口则都在右边。别忘了遵守交通标志牌的指示。

107. 行程路线

在图中，从 A 到 a，从 B 到 b，从 C 到 c，从 D 到 d，路线不能交叉，如何画出其行程路线来？

108. 路径

在图中，从 A 点到 F 点一共有多少条不同的路径？(每段都不可以重复通过)

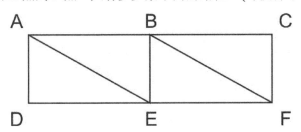

109. 箱子大小

用同一块木板可以做成下面四种不一样的箱子(全部使用，没有剩余)。如果用这四种箱子装水，哪个装得最多？

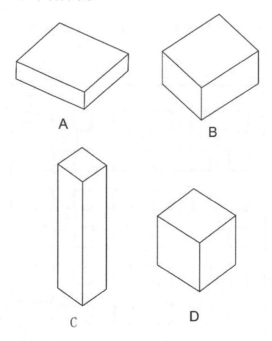

110. 最短的距离

如下图所示，在一条宽度为 200 米的河流的两岸，分别有 A、B 两个村庄。现在需要在河上建一座桥，使从村庄 A 到村庄 B 的距离最短。当然桥不能斜着建，那么应该建在哪里呢？怎么建 A、B 间的距离最短？

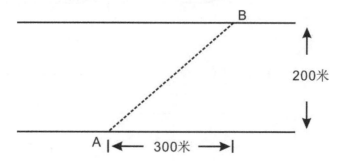

111. 传送带

下图是一组通过传送带相连的齿轮，如果左上角的齿轮顺时针旋转，其他几个轮子分别怎么旋转呢？

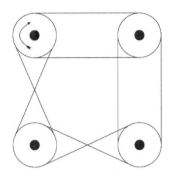

112. 左视图

所谓左视图，就是从物体的左侧面去看物体时的样子。下面这个图形的左视图是哪个呢？

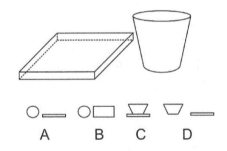

113. 俯视图

所谓俯视图，就是从物体的上面去看物体时的样子。下面这个图形的俯视图是哪个呢？

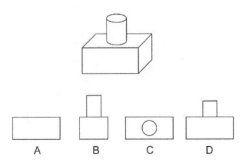

114. 消防设备

下面有 9 座仓库，为了防火需要，在其中的两座仓库分别放置一套防火设备，这样凡是与该仓库直接相连的仓库也可以就近使用。这两套防火设备需要放在哪里？

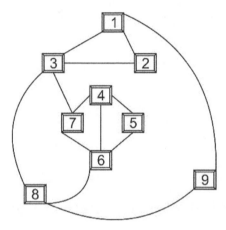

115. 送货员的路线

小明是一个送货员，每天他都从中心的五角星处出发，给各个圆圈处的客户送货，然后返回到五角星处。请你帮他设计一个送货路线，可以使他送完所有的货物而不走冤枉路。你知道他该怎么走吗？

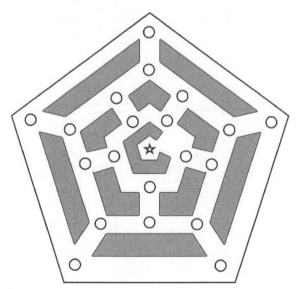

116. 连点画方

下面有 25 个排列整齐的圆点，连接某些点可以画出正方形。一共可以画出多少种大小不同的正方形？

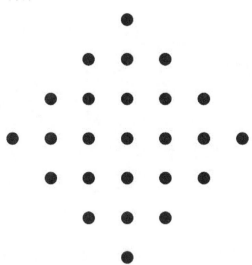

117. 与众不同

下面哪个图形与其他图形最不相同？

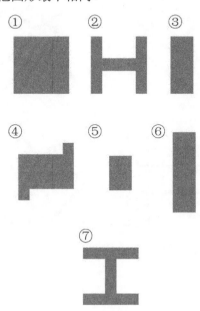

118. 解开铁环

下面有三个连在一起的铁环,你能只打开其中的一个环,就把三个铁环都分开吗?

119. 几根绳子

请仔细观察下面四幅图形,其中只有一幅是由两根绳子构成的,其余的三幅都是由一根绳子构成的。你知道是哪一幅吗?

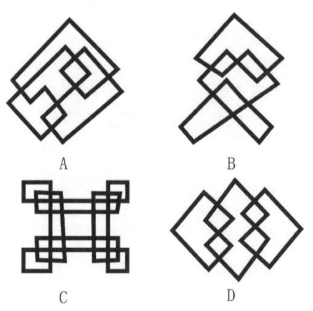

120. 电路

下面是一个电路的一部分,请确定哪两根线路是相通的?

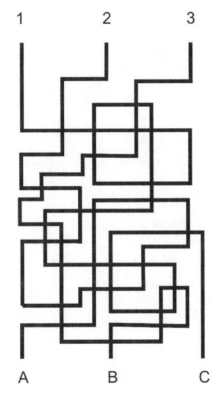

121. 第三根铅笔

请找出下图中从上面数第三根铅笔是哪一个?

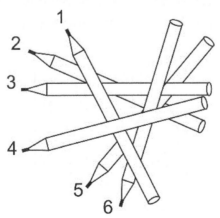

122. 面积大小

请观察下面的四幅图，每幅图中的灰色部分和白色部分的面积相等吗？

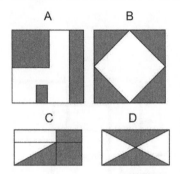

123. 剪纸带

把下面的这个纸带沿着虚线剪开，会成为什么样子，你知道吗？

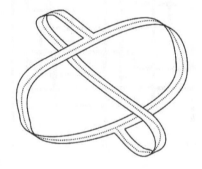

124. 调换位置

下图是一个棋盘，它有两种棋子，一种是半圆环形，另一种是五角星，要想把两种棋子的位置对调，而每个棋子只可以滑动到空白位置，如何才能把两种棋子完全对调位置呢？

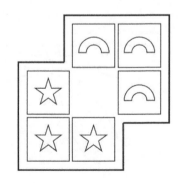

125. 取出"B"

如下图所示，三个字母模型被细线连在了一起，不能剪开线，如何才能把字母"B"取下来？

126. 完美的六边形

如果把下图中的六条直线连接起来，会不会组成一个完美的正六边形呢？

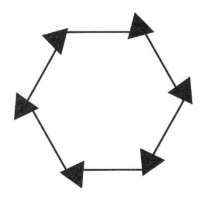

127. 剪纸

现在按照下图所示的顺序折叠一张正方形的纸片，然后剪掉一部分，最后剩下的部分是什么形状的？

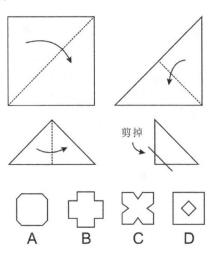

128. 连顶点

如下图所示，用直线连接一个正三角形的三个顶点，要求每个点都要经过，而且必须形成一个闭合曲线，只有一种连法。而连接正方形的四个顶点，则有三种连法；连接正五边形的五个顶点，有四种连法……

如果连接正六边形的六个顶点，会有多少种连法呢？

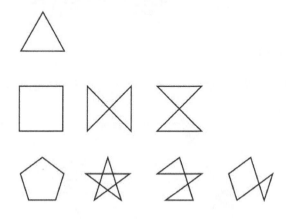

129. 增加菱形

下图是由 16 根火柴摆成的三个菱形，请你每次移动 2 根火柴，使得每次移动完，菱形数都增加 1，连续五次。你知道该怎么移动吗？

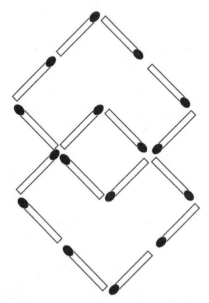

130. 平房变楼房

下图是用 14 根火柴拼成的一个平房,想把它变成楼房,至少需要移动几根火柴?

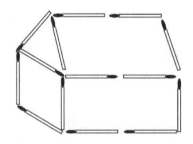

131. 月份符号

在一个奇怪的小岛上,使用下图中的符号表示月份。其实它与我们用的月份符号是有联系的,你知道这些符号与哪个月对应吗?

JOKE

132. 穿越迷宫

下面这个迷宫很有趣,你只能沿着它给定的方向走。从开始到结束,一共有多少条不同的路线可走?

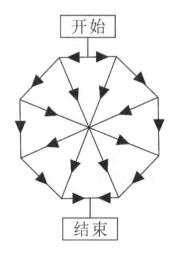

133. 画三角形

经过 3 点画三角形很容易,现在要求 A、B、C 三点必须落在所画的三角形的三边中点处,你知道这个三角形怎么画吗?

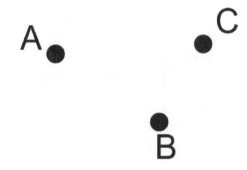

134. 一笔画(一)

下面哪个图形不需要穿越或者重复其他线条就可以一笔在纸上画出来?

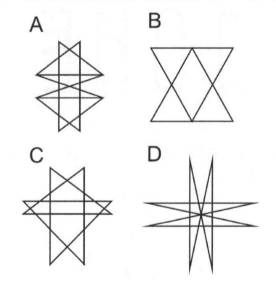

135. 走马观花

小明去植物园看牡丹花,今年的牡丹花非常漂亮,小明不想错过任何一盆,于是他决定设计一个观花路线。图中黑点处为起点,白色圆圈处为终点。小明要如何设计路线,才能使观花路线不重复,且只要用 21 条直线就可以全部参观完呢?

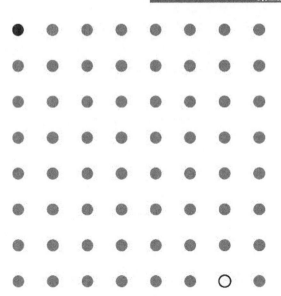

136. 巡逻

一个小镇上有 3 横 4 竖 7 条街道,一名警察需要每天巡逻这些街道,一条也不能落下。请你帮他设计最佳的路线,使他走的冤枉路最少。你知道该怎么设计吗?

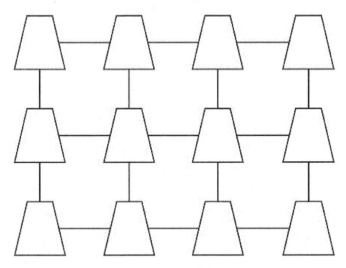

137. 一笔画问题

下面这个图形,如何用一笔画出来,而且要保证线条之间没有重叠和相交。你知道怎么画吗?

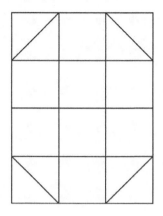

138. 字母变小

加一根火柴,使下面这个字母变小。你知道怎么做吗?

139. 迷宫

你能帮助迷宫中心的小明找到出口吗?

140. 挪球

下面图中是一个 4×4 的方格，在方格中放有 4 个小球。要求是挪动其中的两个，使得这四个球各不同行、各不同列，也不同在一条对角线上。你知道该怎么挪吗？

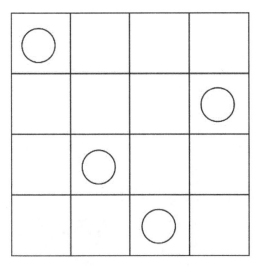

141. 比面积

下面有两块同样材质和厚度的木板，它们的形状都很不规则，请你用最简单的办法来比较一下哪个面积大。你知道怎么做吗？

142. 正十二面体

下面是一个正十二面体的图形。要求是从其中的一个顶点出发，沿着它的棱，寻找出一条路径，恰好经过所有的顶点一次，最后回到出发点。你能找出这样的路径吗？

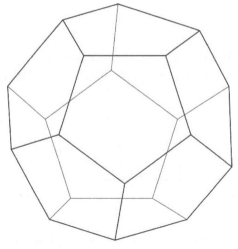

143. 找不同

找出下面图中哪一个与其他选项最不相同?

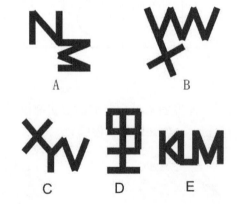

144. 齿轮

假设下面的四个齿轮中,A 和 D 都有 60 个齿,B 有 10 个齿,C 有 30 个齿。A 与 D 哪个转得更快一些?

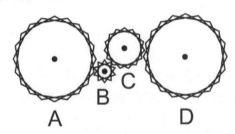

145. 聚会地点

七个好朋友分别住在下图中的 7 个不同的位置(用黑圆圈表示，直线为路)，他们想找一个离大家都最近的地方聚会。应该把聚会地点定在哪里？

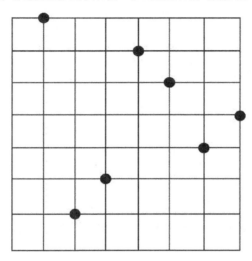

146. 不同的路径

穿越这个格子城只有一个要求，那就是不能绕远。从入口到出口一共有多少条不同的路径可走？

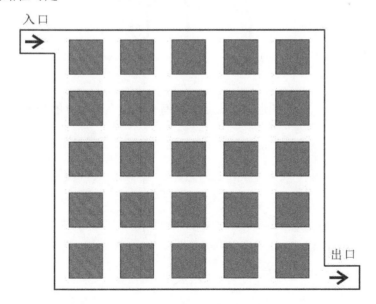

147. 玻璃杯

下面是两只一样的圆锥形玻璃杯，只不过大玻璃杯比小玻璃杯高一倍。一大杯饮料可以倒满多少小杯？

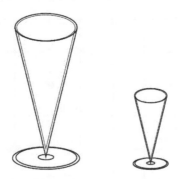

148. 绳结

请看下面两个绳结图，用力拉绳子的两端，这两个结会怎么样？是死结还是打开？

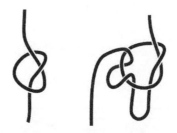

149. 一笔画(二)

你能一笔画出下面的图形吗？要求是没有任何交叉和重复的线条。

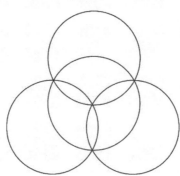

150. 接铁链

有 6 条长短不一的铁链，现在想把它们连在一起，组成一个 29 环的长链。最少需要切开几个铁环？

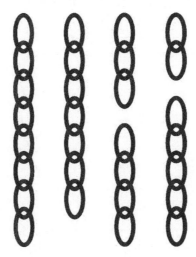

151. 修路

如下图所示，在一个院子里住了三户人家，每户人家正对着的大门是自己家的门。

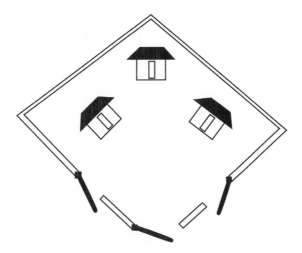

原来大家都是好邻居，但是后来因为一些小事吵了起来，所以三家决定各修一条小路通向自己家的大门，但是又不与其他两家的路有交叉。你有办法做到吗？

152. 扩大水池

小明家有一个正方形的游泳池。游泳池的四个角上分别栽着一棵古树。现在要把水池扩大，使它的面积增加一倍，并且要求还是一个正方形。四棵古树就这样铲除了，实在可惜，你有什么好办法吗？

153. 怪老头的玩意

小区门口有一个老头经常拿着一张刻有 4×4 小方格的桌子，桌子上面放有 10 个棋子。他每天都拿着棋子在桌子上移来移去。有一天，有人问他在干什么，他说他在尝试用 10 个棋子摆出最多的偶数行，即横排、竖排和斜排上的棋子都是偶数。路人一听完，两三下就摆出了 16 行，并且自称偶数行是最多的。你知道他是如何摆放棋子的吗？

154. 三子同行

把 18 颗棋子摆放在 6×6 的围棋盘上，每格只能放一颗，要使每列、每行都有 3 颗棋子。应该如何排列？

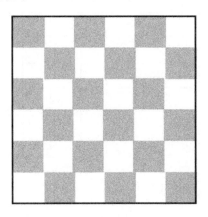

155. 八颗棋子

一名外星人来到地球，想找一位聪明的地球人交流一下。他出了个题目：一个 8×8 的方格，被分割成四部分，如下图中的白色的区域。

在每个白色区域上各放 2 颗棋子，但是不允许有 2 颗棋子处于同一行或同一列上，也不允许在同一个对角线上。已经放上了一颗棋子，你知道其余的棋子都放在哪里吗？

156. 有趣的棋盘

在一个 6×6 的棋盘中，已经有了两颗棋子(如下图所示)，现在请你在棋盘中放入棋子，使得每行、每列、每条斜线上都不会超过两颗棋子。

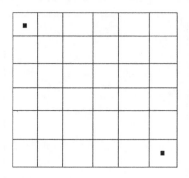

这个棋盘上最多可以放多少颗棋子？

157. 棋盘上的棋子

下图是一个棋盘，棋盘上已放有 6 颗棋子，请你在棋盘上放 8 颗棋子，使得：每条横线和竖线上都有 3 颗棋子，且 9 个小方格的边上都有 3 颗棋子。

158. 转向何方

图中的黑色圆圈表示滑轮，白色圆圈表示齿轮，直线表示连接滑轮的传送带。当右侧的传送带按箭头所示方向运动时，轮子 A 和 B 各往哪个方向转动？

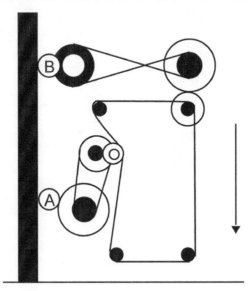

159. 起重装置

一个搬家公司发明了一种起重装置，其原理如下图所示：一组齿轮、杠杆和转轮的组合，黑色的点是固定支点，白色的点是不固定支点。如果按图中箭头所示方向推一下，下端的物体 A 和 B 会上升还是下降？

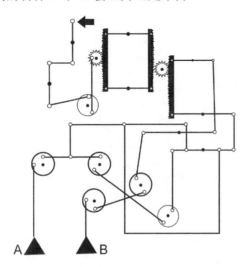

160. 巡逻问题

有一个城堡如下图所示：里面的正方形代表城堡内城城墙，外面的正方形代表城堡外城城墙。两个城墙之间是一个狭长的走廊。城堡的君主找了个大臣，让其设计一个巡逻方案，要求就是走廊里时刻有人在走动巡逻，并使巡逻时刻不间断。大臣设计了一个方案，如下图所示：首先 1 号骑士巡逻到 2 号骑士所在地，自己留下后让 2 号向前巡逻。2 号走到 3 号位置停下，3 号继续向前……大臣相信这个方案完全符合君主的要求。

果真如此吗？

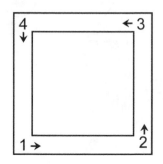

161. 保安巡逻

下图是一个展览馆的平面图，上面标明了有 8×8 共 64 个房间，A、B、C、D、E 是 5 个保安的位置。每天下午 6 点整，钟楼的钟声会敲响，A 就得穿过房间从 a 出口出去，同样，B 从 b 出口出去，C 从 c 出口出去，D 从 d 出口出去，然后 E 需要从目前的位置走到 F 标记的房间。

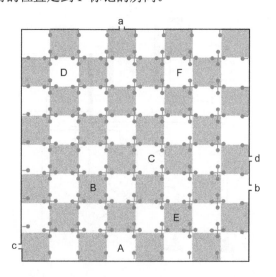

上面的规定说不上有什么道理，但是自作聪明的巡逻队长还要求 5 个巡逻队员走的路线绝对不准相交，也就是任何一个房间都不允许有一条以上路线穿过，也不可以遗漏任何一个房间；巡逻队员从一个房间到另一个房间都必须经过图上所标识的门。

你能帮巡逻队员们找出他们各自的路线吗？

162. 巡视房间

有一个警卫，要在下图的 15 个房间巡视，每两个相邻的房间之间都有门相连。他从入口处进来，需要走遍所有的房间。每个房间只可以进出一次，最后走到最里边的管理室。你知道他该怎么走吗？

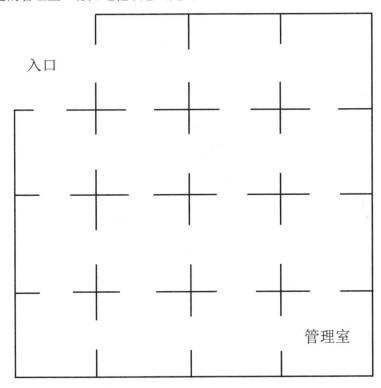

163. 如何通过

这是一幅从办公室上方看到的平面图。你能只转向 2 次就通过所有的房间吗？

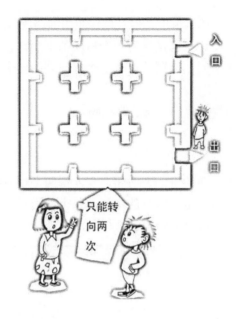

164. 警察抓小偷

在这个游戏里,警察在抓小偷。警察先移动,然后交替着移动,从一个圆圈到相邻的圆圈。如果警察移动时可以把警察所在的圆圈移动放到小偷所在的圆圈上,那么他就抓住了小偷。警察能否在十步之内抓住小偷?

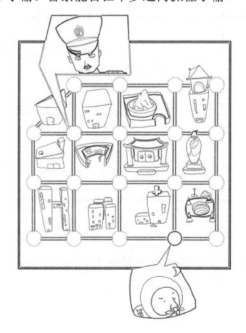

165. 猫捉鱼

这只是一个游戏,鱼是不会动的,但猫要拿到所有的鱼也不是那么简单的。猫从 1 号鱼的位置出发,沿黑线跑到另一条鱼的位置,最终把鱼统统拿到,一条也不留,而且同一个地方不能去第二次。它该怎么走?

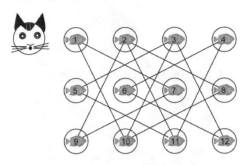

166. 寻找骨头

如下图:每间房里都有一块骨头。小狗一次吃完所有的骨头后,从 A 门出来。小狗从 1~8 中的哪扇门进去,才不会走重复路线(每间房只允许进出各一次,并且不许从相同的一扇门进出)?帮小狗想一想该怎么走。

提示:从唯一的出口 A 门倒着向前寻找路线,这样成功率就大一些。

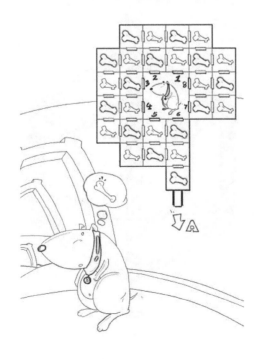

167. 有向五边形

这个图形中,每条边都只能沿一个方向走。你能找出一条可以经过全部五个点的路径吗?

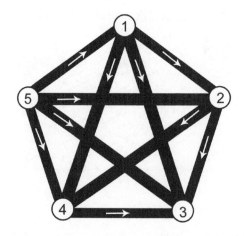

168. 殊途

这个难题有一个规则:只能沿着箭头所指的方向走。你能根据规则找到多少条从入口到出口的路径?

169. 路径谜题

依照图中的箭头方向，从起点走到终点共有多少种走法？

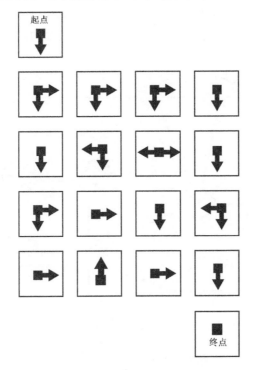

170. 车费最低

点点家住 A 村，他要到 B 村的奶奶家，乘车路线有多种选择，交通工具不同，所需要的车费也就不同。图中标出的数字是各段的车钱(单位：元)。点点到奶奶家最少要花多少元？走的路线是什么样的？

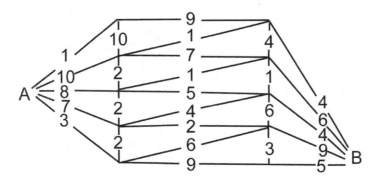

171. 偶数路径

如下图中,这是一个城堡,左下角是城堡的大门,右下角带十字架的建筑是王宫。国王每次出行都要请国师算一下该走几个路段。一次,国师要求从大门走到终点王宫要走过偶数个路段。你能找出一条可行的最短路径吗?

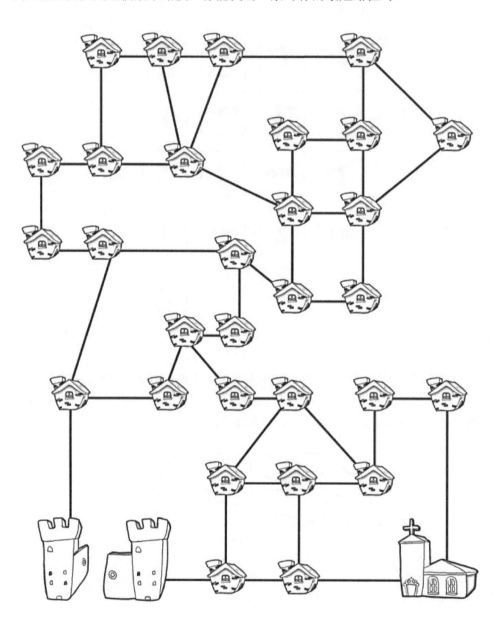

172. 寻宝比赛

某电视台组织了一次寻宝比赛，寻找藏在 Z 城的宝物。所有的人先在 A 城集合，然后参赛者们分头去除了 A 和 Z 城以外的其他九个城镇寻找线索，每一个城镇都有一条线索，只有把这些线索集中在一起，才会知道那件宝物藏在 Z 城的什么位置。要求是，每个城镇只能去一次，不能重复。只有巧妙地安排自己的路线，才能顺利地从 A 城到达 Z 城。下图是 11 个城镇的分布图，城镇与城镇之间只有唯一的一条道路相连。该怎么走？

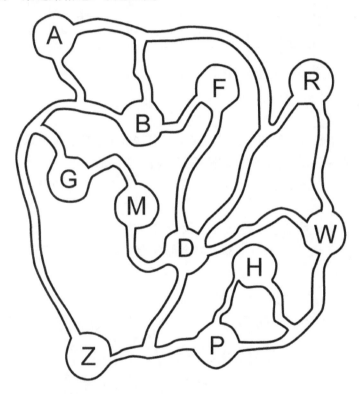

173. 寻宝

这是一幅寻宝地图。寻宝者在每一个方格只能停留一次，但通过的次数不限；到每一方格后，下一步必须遵守其箭头的方位和跨度指示行走(如 ↓4 表示向下走 4 步，↗4 表示沿对角线向右上走 4 步)；有王冠的方格为终点。四个角哪里是寻宝的起点呢？在寻宝过程中，有些方格始终没有停留，这些方格会呈现出一个两位数，是什么数呢？

174. 偷金球

国王有一个长方形的箱子，里面紧紧塞着 20 个金球。每个球都被其他球卡住，所以无论箱子如何动，这些球都不会在箱子里滚动。

国王每天晚上都要晃动一下箱子，听里面是否有滚动的声音，来确定金球有没有丢失。

某天，一个聪明的仆人想偷走一些金球，他可以拿走哪几个球，还能保证剩下的球不会在箱子里滚动(当然不能全部拿走，这样一来，箱子重量变化太大更容易被发现)？

175. 是否连在一起

下图中的纸带一共有几条？如果不止一条，是连在一起的还是分开的？

176. 字母逻辑

依照下图中的逻辑，Z 应该是白色还是黑色呢？

A	B	C	D	E
F	G	H	I	J
K	L	M	N	O
P	Q	R	S	T
U	V	W	X	Y

参考答案

106. 三辆车的行车路线如下图所示。

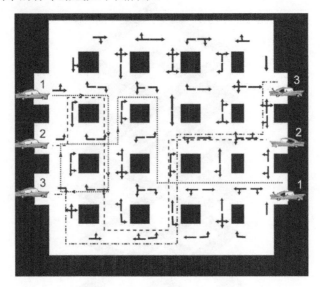

107. 所求行程路线如下图所示。

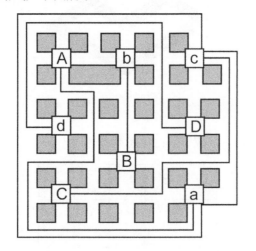

108. 一共有九种不同的路径。

109. 第四个装得最多。因为表面积相同的各个长方体中，立方体的体积最大。

110. 无论将桥建在 A、B 间的任何一点，A、B 两村庄的距离都等于 200+300=500(米)。有没有更短的距离呢？

有的。不考虑建筑成本，只要你在 A、B 间，建一座 200 米长、300 米宽的桥，然后就可以斜着直接从村庄 A 走到村庄 B 了，这时候距离最短。

111. 左下角的齿轮逆时针旋转，其他的轮子都顺时针旋转。

112. 选择 C。

113. 选择 C。

114. 放在 1 号和 6 号仓库即可。

115. 送货路线如下图所示即可。

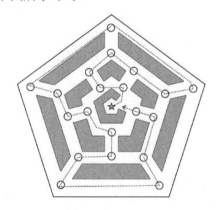

116. 可以画出 7 种大小不同的正方形，分别如下图所示。

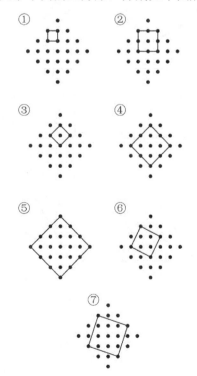

117. 选择④。其他是既轴对称又中心对称,只有④只是中心对称。

118. 打开右下角那个铁环即可。

119. 由两根绳子构成的是 C。

120. 1 与 C,2 与 A,3 与 B 是相通的。

121. 是编号为 6 的那一个。

122. B 和 D 两幅图中灰色和白色部分的面积相等,另外两幅图都不相等。

123. 这个图形剪开后得到的是一个长方形的环,你可以试试看。

124. 调换棋子是无论如何都做不到的。唯一的办法就是把棋盘转 180°。

125. 只要把"C"的一头顺势从"B"的孔中穿过即可。

126. 会的。小三角让这个六边形看上去有些扭曲,其实它确实是一个标准的正六边形。

127. 选择 C。

剪去的是每条边的中间部分。

128. 共有 12 种连法,如下图所示。

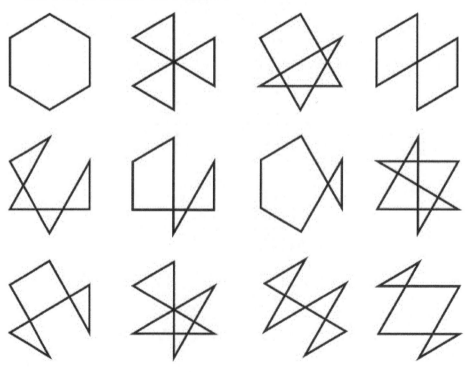

129. 移动方法如下图所示。

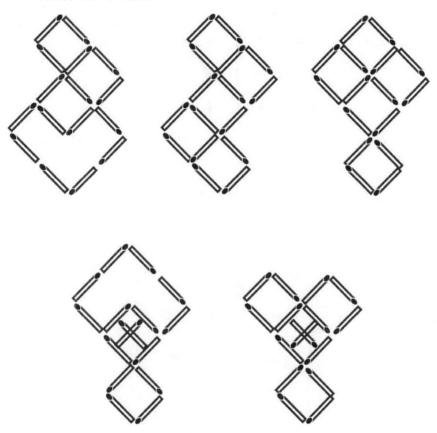

130. 不需要移动火柴，只要换个角度观察即可。

131. 只要把这个图案从中间横线切开，遮住上半部分，你就会发现它的密码。没错，就是六月的英文(JUNE)。

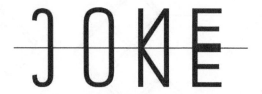

132. 一共有 18 条不同的路线。每个节点处都标出了到达这里不同的路线数，如下图所示。

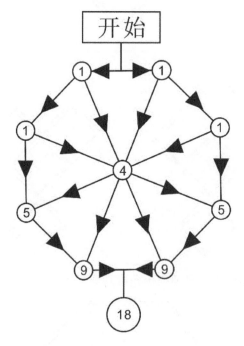

133. 其实也很简单。首先把 A、B、C 三点连起来，然后过 A 点画一条 BC 的平行线，过 B 点画一条 AC 的平行线，过 C 点画一条 AB 的平行线，三条平行线相交所组成的图形就是所要的三角形。

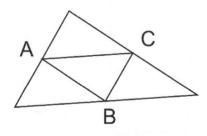

134. 选择 B。

方法如下图所示。

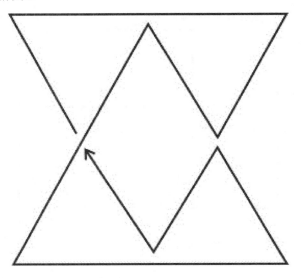

135. 设计的观花路线如下图所示。

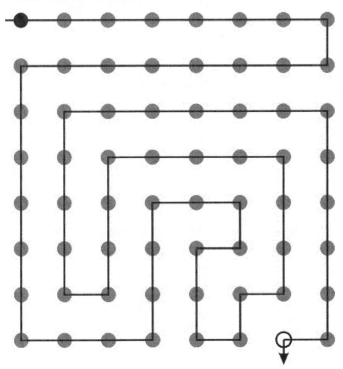

136. 设计的最佳巡逻路线如下图所示。

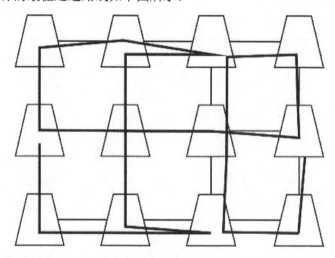

137. 一笔画的画法如下图所示。

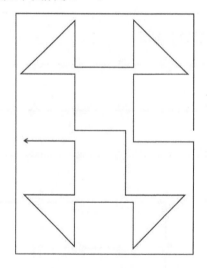

138. 做法如下图所示,这样可把大写字母变成小写字母。

139. 迷宫的走法如下图所示。

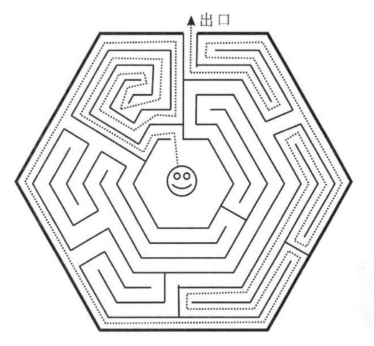

140. 挪动小球的方法如下图所示。

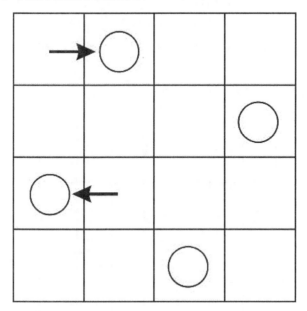

141. 因为木板是同样的材质和厚度，所以只要分别称一下两块木板的重量，就能知道谁面积大了。

142. 如下图所示，按照序号的顺序走即可。

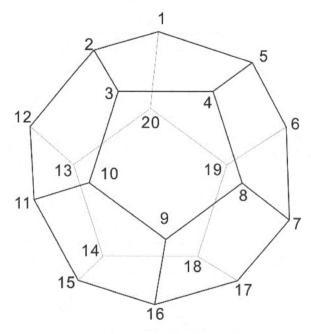

143. 选择 C。

其他的都是由完整的字母组成的，只有 C 不是。A 由 N 和 M 组成；B 由 W、V、X 组成；D 由 E、F、H 组成；E 由 K、L、M 组成。

144. 因为 A 与 D 的齿数相同，所以转速也相同，与中间连接的齿轮没有关系。

145. 应该定在五角星处，如下图所示。

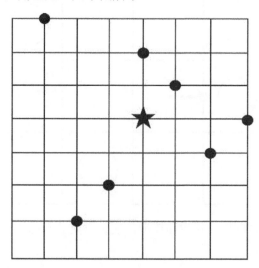

146. 一共有 252 条不同的路径可走。下图中已经标出了经过每个路口的路径数。

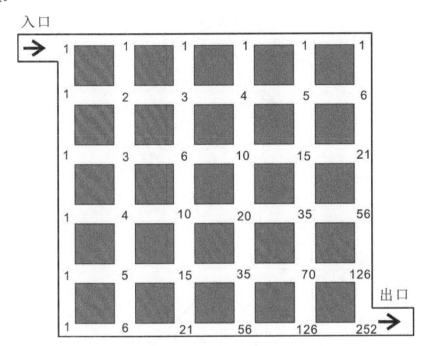

147. 八杯。

148. 第一个结会成结死，第二个结会打开。

149. 一笔画的画法如下图所示。

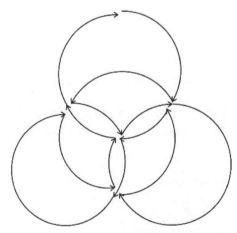

150. 把四个铁环的链子上的每个铁环都切开，然后用切开的铁环分别把剩下的五条链子连在一起即可。所以最少需要切开四个铁环。

151. 修成如下图所示的小路即可满足条件。

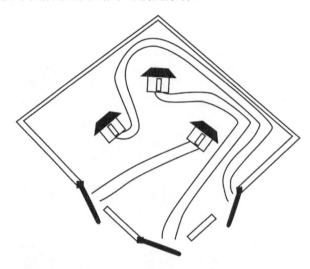

152. 如下图这样扩大水池即可。

153. 该路人的摆放方法如下图所示。

154. 棋子的排列方法如下图所示。

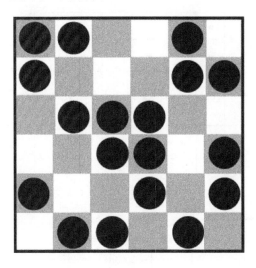

155. 题目的答案只有一个，如下图所示。

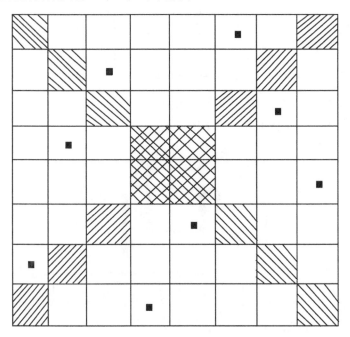

为了避免在试答案的时候毫无头绪，可以用排除法，把确定的棋子的横排、竖排和对角线都划掉，这样就清晰很多了。然后分别试验，直至全部放下或者没有地方放为止。

156. 棋盘中最多可以放 12 颗棋子，方法如下图所示。

157. 棋子的放法如下图所示。

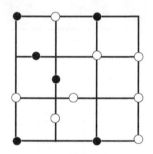

158. A 和 B 两个轮子都朝逆时针方向转动。

159. A 会上升，B 会下降，如下图所示。

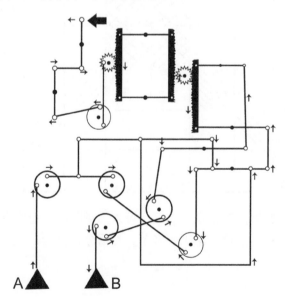

160. 遗憾的是，当4号骑士到达拐角处时，1号骑士并不在那里。

161. 各巡逻队员的路线如下图所示。

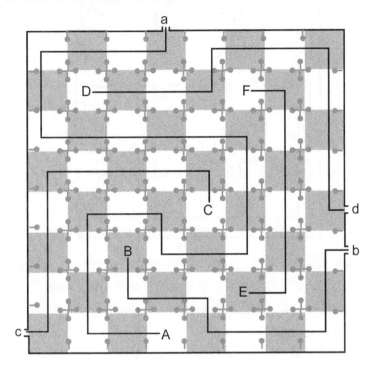

162. 按下图所示标记行走即可。

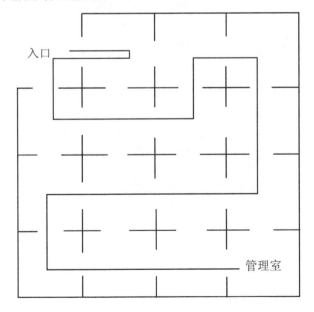

163. 如下图所示，撞到墙后再转弯。

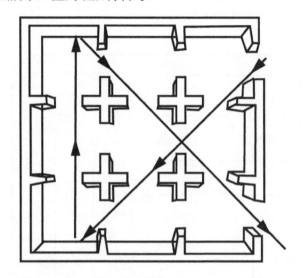

164. 如果你直接向小偷靠近，你会发现小偷将一直领先一步，除非你改变游戏的奇偶性。这点很容易做到，只要警察走过三角形街区一次即可。所以警察要先在三角形的位置绕一圈，然后向小偷靠近，十步之内一定可以捉到他。

165. 猫的路线是：1、7、9、2、8、10、3、5、11、4、6、12。

166. 小狗从第 8 扇门进去，这样能一次吃完所有的骨头且路线不重复。

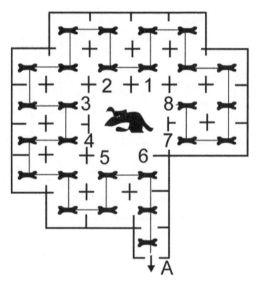

167. 路径是 5、1、2、4、3。

168. 有 11 条可行的路径。

169. 15 种。下面这个 4×4 的矩阵显示图中每一点(不含起点与终点)各有几条路可到。

1	1	1	1
3	2	1	2
3	8	10	2
3	3	13	15

170. 所花车钱最少需要 13 元。走法：A 村、3 元、2 元、4 元、4 元、B 村。

171. 找出的最短路径如下图所示。

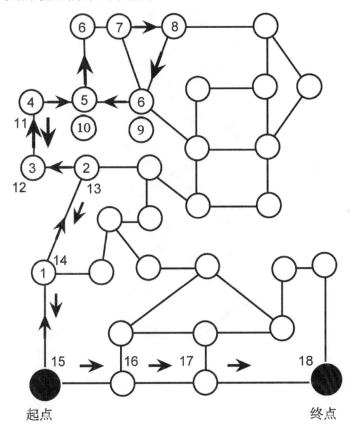

172. 路线是：A—G—M—D—F—B—R—W—H—P—Z。只有按这条路线走，才能做到从 A 到 Z 每个城镇走一次而不重复。

173. 起点是左上角的格子 4↓。那些没有停留的方格呈现的数字为 31。建议倒过来从终点找起。

174. 最多可以取走 6 个球，如下图中虚线的位置。

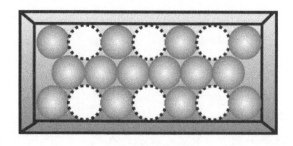

175. 它由两根分开的纸带组成，可以把它们分开，如下图所示。

176. Z 应该是黑色的。所有的黑色的字母都能一笔写完(一笔画问题)，白色的字母则不行。

第四篇

关注微小细节

基础知识介绍

看过《福尔摩斯探案全集》的人都知道这样一个场景：在福尔摩斯第一次与华生见面时，就立刻辨别出华生是一名去过阿富汗的军医。福尔摩斯为什么能够那么快地辨别出来面前的这个人就是一名军医呢？是观察。他有着出众的观察力，敏锐的观察力使得福尔摩斯能够迅速地辨别出一个人的职业、经历。也正因为这一点，福尔摩斯才能在众多案件中，很快找出破绽，还原事情的真相。

什么是好的观察力？无非就是用最短的时间注意到最多的细微之处。观察力的敏锐程度决定了从一个人身上得到的信息的多寡。也就是说，只有具有敏锐的观察力，才能尽可能多地将一个初次见面的人的信息更好地把握住。

孙亮是孙权的小儿子，东吴的第二个皇帝。他少年登基，性格仁爱，常不忍见杀戮。孙亮的智慧，也为朝野称道，他巧断鼠粪案的故事广为流传。

孙亮喜爱吃生梅子，一个春日，他吩咐太监去库房里取来蜂蜜渍梅。蜜取到了，孙亮津津有味地吃着，忽然，蜜中发现了一粒老鼠屎。大家都吓得面面相觑。太监连忙跪下奏道："这一定是库吏渎职所致，请陛下治罪。"库吏被召到堂上。孙亮问他："刚才太监是从你手上取的蜜吗？"库吏战战兢兢地回答："蜜是臣下交给他的，但给他时并没有鼠屎。""胡说！"太监指着库吏鼻子，"鼠屎早就在蜜里了，这是你欺君罔上！"太监一口咬定是库吏干的，库吏死不承认，说是太监放的。两人在堂上争执不下。侍中官刁玄和张邠出列奏道："太监和库吏言语不同，难以决疑，不如押进监狱，一同治罪。"孙亮环视众人，说："不必，真相容易查明。"马上吩咐卫兵，当众剖开鼠屎。大家定睛看去，只见鼠屎外面沾着蜜汁，里面却是干燥的。孙亮哈哈大笑，说："要是库吏看管不严，老鼠进去，留下鼠粪的话，鼠粪一直在蜜中，里外都应浸湿；而今外湿里燥，显见是刚放进去的。这一定是太监干的事！你与库吏有仇，故意嫁祸给库吏，欲借我的手杀人。这明明是故意侮辱我，今日若不杀你，世人都以为我好欺负！"孙亮吩咐左右武士，将太监拉出去斩首，以惩罚他欺君之罪。太监吓得浑身哆嗦，连忙跪下，磕头求饶。众人都感到惊异，不得不佩服孙亮的判断明智。

这个故事发生的时候，孙亮只有十几岁，还是个小孩子，但他却能识破陷害手段，摆平复杂的宫廷争斗。所以说，只要谨慎细心，深入调查研究，对各种现象进行细致分析，世界上没有什么事情是搞不清楚的。

洪承畴原为晚明大臣，深得崇祯皇帝赏识，派他去边境，领兵讨伐清皇太极的军队。不承想，洪承畴指挥失当，明军大败，他自杀殉国未遂，被清军俘虏。

洪承畴被俘虏之后，被押到沈阳，他不肯投降，皇太极派了范文程去劝降。范文程是范仲淹的后裔，此时在清廷已是位高权重。他到了洪承畴的囚所，洪承畴拍案大骂，说他背叛大明，投降清朝，是乱臣贼子，没有资格同自己讲话。范文程很沉稳，慢慢跟他讲道理："古往今来，有许多弃暗投明的例子。我看大明气数已尽，识时务者为俊杰，您应该归顺清朝。"洪承畴态度强烈，非常抵制，坚决不投降。可是，这时，范文程看到一个细节：房梁上落下一块尘土，掉在洪承畴的衣袖上，洪承畴看到，抬手把灰尘掸掉了。范文程若有所悟，不再同对方争辩，退出来，找到看守，问："洪承畴这几天吃饭了没有？"看守说："前几天一直绝食，但昨晚稍微喝了点粥。"范文程顿时心里有底了。

　　范文程马上返回皇宫，见到皇太极，对他说："别看洪承畴态度坚决，房梁上掉下一块灰尘，他都掸掉了，对自己的衣服尚且这么爱惜，怎么可能不爱惜生命呢？而且他昨晚稍进饮食，可见不想死。我看可以劝降。"皇太极得到这个消息，亲自到了洪承畴的囚所，没有先讲大篇的道理，而是把自己穿的貂皮斗篷脱下来，给洪承畴披上，说："先生觉得很冷吧？"如此礼遇，洪承畴目瞪口呆，因为他知道，崇祯皇帝秉性阴狠猜忌，绝对做不到如此平易近人。感动之余，他开始思考自己的处境。

　　其实，在囚所这段时间，洪承畴冥思苦想，把他半生的经历全面回顾过。洪承畴做过明朝三边总督，觉得明朝的腐败之势不可挽回，不可避免地会走向灭亡。那么天下未来落在谁手里？是李自成领导的农民军吗？洪承畴同他们交战过，认为农民军将来不可能统一天下。想来想去，他判断清朝有可能继续发展，进入中原，自己如果顺应形势，还可以有一番作为。在这种政治的权衡之下，洪承畴做了最后决定。这边皇太极滔滔不绝，晓以大义，只见洪承畴沉默良久，然后说："真是真命天子啊！"于是，洪承畴降清了。

　　皇太极大喜过望，佩服范文程的远见。

　　细节可以暴露一个人的内心，小征兆可以反映深层次的问题。尤其是人的态度往往多变，很多时候，从他们冠冕堂皇的言辞，难以正确判断，行为细节就显得很重要。

　　德国人一向以严谨著称，对任何一项工作，他们极端关注细节。所以，他们的工艺质量是世界第一的，现在德国的高速公路，有的还是希特勒时代修筑的。上海地铁一号线是由德国人设计的，看上去没有什么特别的地方，直到中国设计师设计的二号线投入运营，才发现其中太多细节被二号线忽略。结果是，二号线运营成本远远高于一号线，至今尚未实现收支平衡。

　　一号线的"细节奥秘"，不得不提的有几处。

第一是三级台阶。上海地处华东，地势不高，一到夏天，雨水经常会使一些建筑物受困。德国设计师就注意到了这一细节，地铁一号线的每一个室外出口都设计了三级台阶，要进入地铁口，必须踏上三级台阶，然后往下进入地铁站。就是这三级台阶，在下雨天阻挡雨水倒灌，减轻地铁的防洪压力。事实上，一号线内的那些防汛设施几乎从没动用过，而二号线缺了这几级台阶，曾在大雨天被淹，造成巨大的经济损失。

第二是出口转弯。德国设计师在每一个地铁出口处都设计了一个转弯，看似无用，其实，在冬天或者夏天，这个设计成功保护住空调调节的热冷空气，节约能源，省下不少运营成本。

第三是一条装饰线。德国设计师们在设计上体现"以人为本"的思想，他们把靠近站台约50cm内的地面铺上金属装饰，又用黑色大理石嵌了一条边，这样，当乘客走近站台边时，就会产生警惕，意识到离站台边的远近。而二号线的设计师们就没想到这一点，地面全部用同一色的瓷砖，乘客一不注意就靠近了轨道。

第四是站台宽度。不同站台宽度，给人的舒适度不同。一号线的站台设计宽阔，上下车都很方便。二号线的站台则窄窄的，让人不舒服，尤其遇到上下班的人流高峰期。在上海这种大都市，二号线的站台显得非常拥挤。

第五是站台门。德国设计师在设计一号线时，一是为了让乘客免于掉下站台，二是为了节省站台的热量，每处都设计了相应的站台门，车来打开，车走关上。而中方的施工单位可能是为了"节省成本"，没安站台门。

中国人绝不缺乏聪明才智，缺的就是对细节的执着。要在世界上崛起，实现民族复兴，执着的精神必不可少。认真做事，只是把事情做对；用心做事，才能把事情做好。

乔·吉拉德被誉为"世界上最伟大的推销员"，他创造了12年推销13 000多辆汽车的最高纪录，在同行中传为美谈。他认为，卖汽车，人品重于商品。一个成功的汽车销售商，肯定有一颗尊重普通人的爱心。他的爱心体现在他的每一个细小行动中。

有一天，一位女士从对面的福特汽车销售商行走进了吉拉德的汽车展销室。她说自己很想买一辆白色的福特车，就像她表姐开的那辆，但是福特车行的经销商让她过一个小时之后再去，所以先到这儿来瞧一瞧。"夫人，欢迎您来看我的车。"吉拉德微笑着说。女士兴奋地告诉他："今天是我55岁的生日，想买一辆白色的福特车送给自己作为生日礼物。""夫人，祝您生日快乐！"吉拉德热情地祝贺道。随后，他轻声地向身边的助手交代了几句话。

吉拉德领着女士从一辆辆新车面前慢慢走过,边走边介绍。在来到一辆雪佛兰车前时,他说:"夫人,您对白色情有独钟,瞧这辆双门式轿车,也是白色的。"就在这时,助手走了进来,把一束玫瑰花交给了吉拉德。他把这束漂亮的花送给女士,再次对她的生日表示祝贺。

那位女士被感动得热泪盈眶,非常激动地说:"先生,太感谢您了,已经很久没人给我送过礼物了。刚才那位福特车的推销商看到我开着一辆旧车,一定以为我买不起新车,所以在我提出要看一看车时,他就推辞说需要出去收一笔钱,我只好上您这儿来等他。现在想一想,也不一定非要买福特车不可。"

就这样,这位女士买下了一辆白色的雪佛兰轿车,作为对吉拉德送给她那束玫瑰花的感谢。

正是这些细节行为,为吉拉德创造了空前的效益,使他的营销取得了辉煌的成功。销售者常犯的一个弊病,就是只想着索取,恨不得伸出手去,把顾客口袋里的钱掏出来。他们忘记了,买卖是一种交换,不去真心给予对方需要的东西,怎么能有回报?显然,吉拉德没有犯这种错误,他是销售商,但是,他是个给予者,无论给予的是多么微小,但关爱的价值是无限的。

一所大学里有两家粥铺。学生们上过晚自习后,常常是筋疲力尽,这时喝点香甜的粥,吃两口清淡的小菜,然后入睡,实在是很好的享受。所以,这两家小店生意都不错。校门左边和右边两个粥铺每天的顾客相差不多,经常是人来人往的。我也是其中的常客。

然而晚上结算的时候,左边这家店总是比右边那家多出百十元。天天如此。有一天我听见老板抱怨,于是也很好奇,所以这次我就留了心。我先走进了右边的那个粥店。

服务员微笑着把我迎进去,给我盛好一碗粥。问我:"先生,要不要加鸡蛋?"我说好的。于是她便给了我一个鸡蛋。

经过我细心观察,每进来一个顾客,服务员都会问同样的一句话。顾客中有说加的,也有说不加的,大概各占一半。

接着,我又走进了左边那个小店。

服务员同样带着微笑把我迎了进去,给我盛好一碗粥,问我:"加一个鸡蛋,还是加两个鸡蛋?"我笑了,说:"加一个。"这时,我已经明白了两个店的差异。

果然,再进来一个顾客,服务员又问一句:"加一个鸡蛋还是加两个鸡蛋?"爱吃鸡蛋的就要求加两个,不爱吃的就要求加一个。也有要求不加的,但是这样的顾客很少。

就这样,一天下来,左边那个小店就要比右边那家多卖出很多鸡蛋。

古语道:"泰山不拒细壤,故能成其高;江海不择细流,故能就其深。"所以,大礼不辞小让,细节决定成败。在中国,想做大事的人很多,但愿意把小事做细的人很少;我们不缺少具有雄韬伟略的战略家,缺少的是精益求精的执行者。所以我们要想成功,就必须改变心浮气躁、浅尝辄止的毛病,提倡注重细节、把小事做细。

见一叶落,而知天下秋,是古人见微知著的大智慧。应该说,放眼天下、驾驭全局的眼光很重要,而明察秋毫,对细节的观察力,也必不可少。细节中可见真伪,细节中可定成败,细节中可考察人才的品行,从这个角度说,神在细节间。

那么,我们如何才能提高自己对微小细节的关注力和判断力呢?做探案游戏是一个简单而有效的办法。通过游戏,我们不仅可以练习对细节的把握能力,还能挑战思维的极限,提高思维的灵活性、深刻性和判断力。我们可以扮演刑警和侦探的角色,在张弛有度的气氛中,面对一个个充满悬疑而又有趣的案件、一个个引人思考的问题,亲自体会发现线索的乐趣和揭开真相的快感。

成为一名合格侦探的必备条件如下。

(1) 对任何小问题都保有好奇心。

(2) 能够随机应变,随时准备好应对外界的一切变化。

(3) 要熟知心理学,尤其是犯罪心理学。

(4) 要具备法医学、鉴识科学等知识基础。

(5) 具有敏锐的反射神经。若不能掌握住转瞬即逝的时机,犯人就逃走了。

(6) 与其会说话倒不如会听话。从别人的证词中发现线索。

(7) 即使是从未见面的人,也能在第一次见面后就记住他的长相。

(8) 具有敏锐的观察力。勘测现场,寻找证据。

(9) 具有超强的推理能力。将零碎的信息合理地拼接组合成符合事实的过程。

(10) 不凭借主观的意见来判断事情。只有具备了证据的事实才是真实的。

你所具备的条件越多,你就越适合做一名侦探!

以下这些简短精彩的逻辑探案游戏,可以激发你探究的欲望,使你拓展思维,做到运筹帷幄、抽茧剥丝、去伪存真,最终洞察一切。

观察训练营

177. 自杀的假象

一名医生被发现死在自己的家中。经化验,死因是服用了过量的安眠药。

警方认为,这与前几天这位医生的一次医疗事故有关,由于手术发生意外,这位医生负责的一位患者不幸死亡,可能因此内疚而自杀。

这位医生爱好整洁,甚至有些洁癖,屋内井井有条、一尘不染。床上铺着洁白的床单,医生穿戴整齐地躺在床上。床头柜上放着一个 100 粒装的空安眠药药瓶和喝剩下的半杯牛奶。现场没有留下其他任何线索和疑点。

这时,一位经验丰富的老警察发现了一个微小的破绽,医生很可能是他杀而非自杀。

你知道这是为什么吗?

178. 超强的视力

特工 007 接到指示说:某商业巨头参与了一起机密资料泄露案,需要他前去查出和这位商业巨头接头的间谍是谁,然后顺藤摸瓜、一网打尽。

007 化装成一名银行家参加商业巨头举办的一个聚会。期间,他端着一杯苏打水四处打探,趁没人注意溜进了一间偏僻的房间。

不巧的是,商业巨头正在房间里看一份材料!两人都很吃惊,巨头试图将手中的材料藏起来,但想了想,觉得这样做太容易引起别人的注意,就依旧拿在手中。并问道:"你是谁?怎么跑到我的房间里来了?"

007 看到巨头紧张的样子,断定这份材料就是他与间谍联络的证据。由于两人距离太远,上面的字又太小,看不清楚内容。料想巨头也是因此而没有急着把材料藏起来吧。于是冷静地回答道:"我是银行代表,想和你谈下商业合作的事情。"说着把手里的水杯放在了桌子上,并退到了看不到材料上字迹的距离站定。

商业巨头看到这位银行代表很懂事,就放下戒心,谈起商业合作的事情。交谈了一段时间后,007 起身告辞。

聚会解散后,007 立即向上级汇报了打探的结果,并一举抓获了和商业巨头接头的间谍。

你知道 007 是怎么获得材料上的内容的吗?隔了那么远,他是怎么看到的呢?

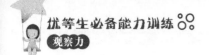

179. 潜泳谋杀

张三、李四、王五是好朋友,而且他们都是潜泳爱好者,经常一起相约去海中潜水。

这天,他们又一同出海潜泳,张三负责开船,李四准备各种食物,王五负责氧气筒的充氧和分发。

一行人到了海上的预定地点,约定两个小时后回到船上会合,分发完装备后,大家就分别下海潜水了。到了约定的时间,张三和王五先后回到船上,却迟迟不见李四回来。预计可能因为意外发生危险,二人选择报警。不久,警察在他们潜水的地方找到了李四的尸体,已经死亡多时了。

李四的死因是窒息,检查了一下他随身携带的氧气筒,里面的氧气很充足而且很纯正。警察很快就找出了李四死亡的真正原因,这是一起谋杀!

李四是潜水能手,为什么还会窒息死亡呢?凶手是谁?

180. 伪造的遗书

王大爷孤身一人,老伴早就过世了,膝下又无儿无女,只有一个远房的侄子。这个侄子最近生意失败,急需用钱,于是就打起了王大爷遗产的主意。

这天,这个狠心的侄子把王大爷杀害,并伪装成王大爷自杀的样子,然后找了一个朋友用钢笔写了一封遗书,说自己年老多病,厌世自杀。

熟悉王大爷的人都知道,尽管颇有家资,但王大爷生活很是节俭,平日里的每笔开销都会记录在账本上。为了不在笔迹上被别人查出纰漏,侄子又叫这个朋友把王大爷的账本从头到尾重新抄写了一遍。

这样,遗书和账本的笔迹便一模一样了。但是当警察检查了遗书和账本后,还是认定这些东西是伪造的。

你知道警察是怎么发现的吗?

181. 过圣诞

圣诞节过后不久,小明就请刚从海外归来的两位朋友来家中聚会。聊天中,小明问道:"你们圣诞节过得可好?"

其中一位说:"我圣诞节前从上海出发,向东航行,当我到达旧金山时,圣诞节已经过了几天了,所以我是在海上过的圣诞节。有趣的是,我竟然连续过了两个圣诞节,哈哈!"

另一位说:"我也是圣诞节前出发的,但我的航行方向正好和他相反。我是在圣诞节后到达的上海，可是我竟然没有过到圣诞节！真倒霉！"

一个人说过了两个圣诞节，一个人却说没有过到圣诞节，这可能吗？

182. 寻找赃物

纽约一座著名的博物馆被盗，丢失了一大批价值连城的艺术品。警长带领一队人马经过多方探查，终于抓住了几名盗贼。经过审讯后发现，他们都是从犯，艺术品根本不在他们手里。

他们招认，艺术品被主犯罗斯用一个大铁箱装起来，埋在了他乡下的农场里。警长带着两个助手赶到主犯的农场，却傻了眼。原来，整个农场很大，根本不知道箱子埋在何处。本来以为埋箱子的地方会有挖土的痕迹，会很容易辨认，没想到整个农场的土地都被耕过一遍并被压平了。警长带的人手又不足。这时，警长看到旁边有一个用来浇地的水龙头，和一根长长的水管。于是他就有了办法。果然，用了一段时间，他们就成功地把埋起来的艺术品找到了。你知道警长是如何做到的吗？

183. 谁是凶手？

富太太娜娜被发现死于自己的家中，背后中了一枪，同时，她身边形影不离的一只贵妇犬也被枪杀了。

经过调查走访，警察发现了三名嫌疑人，于是把他们找来一起询问：娜娜被人枪杀了，死于昨天晚上 6:00～8:00，请问三位，你们那个时间段都在做什么？

A 先生说："我在家里看书。不可能是我杀的，我连枪都不会用的啊！"

B 小姐说："我在家里看电视，演的节目是《爸爸去哪儿》。怎么可能是我，我们是好朋友，而且我超喜欢她家的那种小狗的。"

C 太太说："我在给老公收拾行李，他第二天要出差。虽然我不很喜欢她，但还不至于要杀了她吧，我才没那么傻！"

请问：究竟谁是凶手？

184. 骗保险

一天早上，警察局接到报案，富翁王先生称自己家中被盗，丢失了一件珍贵的艺术品。警方马上派人到现场调查。

房门正对着的是客厅里的一台电脑，王先生称丢失的艺术品原来是放在门口旁边架子上的，现在那里空空如也。

警察询问当时的情节，王先生说："昨天晚上我一个人在家中玩电脑，透过电脑的屏幕，我突然发现后面有一个人影。于是我马上打开灯查看，发现门被打开了，门口的艺术品也不见了。"

警察说："这件艺术品很值钱吧？你上过保险吗？"

王先生说："是的，因为是大师的作品，所以上了 300 万元的保险。"

警察说："那么，这件事就很明确了，你只是想骗保险吧？！"

你知道警察是如何发现纰漏的吗？

185. 意外还是纵火

王先生的公司因偷税漏税正准备接受税务局的调查，所有资料已经封存，只等税务局来人检查了。不巧，这天夜里，公司突然发生了一场火灾，把办公室的所有东西都烧为了灰烬。

警方很快赶到现场，询问唯一的目击者王先生："你是火灾的目击者，请给我们描述一下当时的情景吧！"

王先生惊魂未定地回答说："当时我正在开我的电脑，按开关的一刹那，突然电灯闪了几下，接着电源线冒出了一阵火花，并烧了起来，还点燃了旁边的一堆复印纸。我想一定是电源短路了吧，就顺手拿起我的水杯，浇灭电源线上的明火。看没有什么危险了，我才离开，出去找电工来维修。等我带着电工回来的时候，整个办公室都被浓烟和大火笼罩了……"

"你确定你走之前用水把电源线上的明火都熄灭了吗？"警察问道。

"是的，我很确定！"王先生重重地点了点头。

"别装蒜了，很明显你是人为纵火！你是为了销毁那些你偷税漏税的证据吧？！"警察说。

你知道警察是怎么发现王先生的诡计的吗？

186. 探险家的发现

两名探险家在一处海拔为 4000m 的岩洞中发现了几幅壁画。壁画颜色不是很鲜艳，但是清晰可辨。第一幅画着一群奔跑的猛犸象，第二幅画着一只长毛犀牛，第三幅画着一群穿着树叶衣服的猎人在追杀一只恐龙。

探险家甲非常高兴，说："这下我们要出名了，竟然有了这么大的发现！"

探险家乙冷笑一声说道："别高兴得太早了，这些壁画是假的！"

你知道乙为什么这么说吗？

187. 吹牛

小明养了一只漂亮的德国牧羊犬，一见到人就吹嘘这只狗有多聪明。

一天，他又在和朋友夸自己的狗聪明了："这只狗名字叫米拉，它非常聪明，我让它躺下，它就躺下，让它睡觉，它就睡觉。而且最神奇的是，它几乎可以听懂我说的每一句话，我让它叼来一只红色的球，它就会叼来红色的球；我让它叼来绿色的球，它就会叼来绿色的球……"

朋友笑了笑说："你在吹牛，这是不可能的！"

你知道朋友是怎么发现他吹牛的吗？

188. 说谎

小丽很喜欢到处旅游，而且经常会在朋友圈里发各种旅游的照片。一天，她又发了一张照片，并说自己是上周四在水城威尼斯旧城区拍下的。只见照片中有一条宽宽的运河，上面穿梭着几艘游览船。旁边的街道上停着几辆汽车，还有几个外国人。

可是小丽的一位朋友只看了一眼照片就认定这不是威尼斯，并指出："虽然我从没去过威尼斯，但我可以确定这里不是。你应该是在某个有运河的街道上随便拍下的。"

这张照片的问题到底出在了哪儿呢？

189. 不在场的证明

一个盗贼溜进珠宝展览馆，趁没人的时候，偷走一条价值连城的珍珠项链后扬长而去。幸好这一切都被监控录像拍下了，可以清楚地看到盗贼的模样。警方通过监控录像里的画面，发布了悬赏通告。

没过几天，有人向警察局报案称见到了悬赏的那名窃贼，并提供了准确地址。

警察赶到后，发现确实是那个人，但是经过调查却发现，这个人在案发时一直在某餐厅吃饭，有餐厅的老板和服务员可以为他作证。另外，根据现场留下的指纹对比，也不是他留下来的。

警察马上给同事打电话，让其帮忙查一下这个人的户口簿，果然印证了警察的想法。不久，盗贼就被抓到了，确实不是这个人。

请问，这到底是怎么回事？

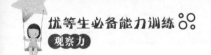

190. 现场的鞋印

张三买彩票中了大奖,领回奖金后不久,就被人杀害了,奖金也被抢走了。

警察接到报案后赶到现场,现场留下了清晰的鞋印。因为知道张三中奖的人并不多,所以警察很快找到了嫌疑人:张三的同事李四,并在李四的出租屋内发现了和现场鞋印吻合的皮鞋。

审讯时,李四不承认杀害了张三,但是无法解释为何现场会留下自己的鞋印。李四说案发时,自己就在单位值班,有人可以给他证明。并且说这双鞋子是三个月前和合租的同事王五一起去商场买的。自己每天都穿着它上班,而案发时也是白天,所以不可能被别人偷走穿到现场去。

最后,警察经过多方调查,终于找到了凶手,是王五。

那么,王五究竟是用了什么手法,让现场留下了李四的鞋印呢?

191. 丢失的钻石

王丽很喜欢在朋友面前炫耀,所以激起了不少人的怨恨。

这天,王丽又收到了一份贵重的礼物——一颗 2 克拉的大钻石。于是她趁着聚会的时候,不失时机地拿出来炫耀。在场的客人无不对其露出羡慕的神色。展示完毕,王丽把钻石放在精美的首饰箱中,并用糨糊把首饰箱重新封好,放在了柜子里。

这天的聚会真是多事之秋,中途出了不少意外。先是一位朋友被虫子咬了一口,手指肿了起来,王丽拿出碘酒为其消毒伤口。慌乱中,打碎了一面穿衣镜,在收拾碎镜片的时候,另一名客人被割伤了手指,王丽又赶紧为她包扎。还有一名客人手指被门夹了,虽然没有出血,但还是肿了,王丽只好给她涂了些云南白药。

一阵忙乱之后,终于恢复了平静,正当大家想喘口气的时候,突然有人发现,刚刚封好还没干的珠宝箱被打开了。王丽过去检查发现,里面的那颗大钻石不见了。

案情重大,王丽连忙报了警。不一会儿,警察来了,一番调查之后,锁定了嫌疑人正是刚才受伤的三位客人之一。警察分别查看三个人的手指,发现,被虫咬的客人,手指呈蓝黑色;划伤手指的客人,血从纱布上透了出来;被门夹了手指的客人,手指肿得更大了。

一番思考过后,警察很快认定了犯罪嫌疑人,并从她身上搜出了钻石。

到底是谁趁乱偷了钻石呢?

192. 被杀的哥哥

老山本先生是一位大富翁，他去世后，因为遗产问题，三个儿子和一个女儿争得不可开交，甚至大打出手。

一天清晨，有人发现大儿子山本一郎死在自己的家里。警察赶到现场，一番调查之后，发现他的两个弟弟和一个妹妹的嫌疑最大。

警察决定先从妹妹香月入手调查。于是，警察马上来到香月家中。香月刚刚起床，正在准备丈夫和孩子的早餐。警察对她说："你就是香月小姐吧？我们今天早上发现你哥哥被人杀死了，想向你了解一下情况。"

香月小姐一听，一脸的惊恐表情："这不可能。我昨天下午还和大哥一起吃了顿饭呢，怎么就死了呢？是谁杀了他的？"

"我们也是想向香月小姐了解一些情况，你觉得会有谁可能对他下此杀手？"警察问道。

香月小姐沉思片刻说："二郎和三郎都有可能，他们兄弟三人平时关系就很不好。他们觉得父亲生前更偏心大哥，连公司都让大哥继承。另外大哥还和二嫂关系暧昧，二哥曾经扬言报复。所以他俩都有杀人的嫌疑。不过都是亲兄弟，他们怎么下得去手啊？"

警察听完后，说："我倒是觉得最值得怀疑的人是你，还是跟我们走一趟吧！"

警察为什么说香月小姐是最值得怀疑的人呢？

193. 浴室谋杀案

在一间日本浴室内，发生了一起谋杀案，一位客人被手指粗的尖锐的棍状物刺穿心脏而死。当时在现场的还有四位客人：一位是个画家，他随身携带了一只2B铅笔；一位是个律师，他随身带了一本书；一位是个学生，很喜欢听音乐，他带着一张CD；还有一位是个公司老板，很爱喝茶，随身带着一个保温杯。

由于当时浴室里雾气腾腾，没有人看见死者是怎么死的，而且四个嫌疑人谁也没有离开过现场。警察赶到后，翻遍整个浴室也没有发现凶器。

这到底是怎么回事呢？到底凶手是谁？凶器是什么？哪里去了？

194. 只差五厘米

特工007在某国搞到了情报后准备转移的时候，被该国安全部门盯上了，情报需要尽快转移才能确保安全。

这天，特工 007 与 008 约定好了接头地点，费了很大劲才甩开跟踪的敌人，来到一栋 30 层大厦的天台上，而 008 此时正在对面的同一层天台上。特工 007 打算把带有情报的芯片交给 008，可是由于误判了两栋大厦的距离，两人身体都悬出楼外，还是差大约五厘米的距离够不到芯片。由于芯片比较小又比较轻，无法扔到对面去。而敌人马上就会追来，这该如何是好呢？最后特工 007 想到了一个好办法，终于将芯片交给了 008。

你知道 007 是如何做到的吗？

195. 越狱的特工

一次任务失败，特工 008 在法国执行任务时，不幸被擒，并被关进了一所单独的监狱中。这座监狱的守卫虽然很薄弱，但异常坚固，墙壁栏杆很难徒手破坏。而 008 身上只有一个打火机和一条以子弹为吊坠的项链。

这天，监狱外围发出了一阵警报声，所有的守卫都前往支援了。008 趁此机会，终于成功地逃走了。

你知道他是怎么逃走的吗？

196. 隔壁的通缉犯

丽丽外出旅游，住进一家五星级宾馆。这天回宾馆时，丽丽发现一同出电梯的人竟然很像是一名通缉犯，而且这个人就住在丽丽隔壁的房间里。

进了屋子后，丽丽很担心，不知道该怎么办。如果那个人不是通缉犯，而盲目报警的话，总觉得不太好。正在这时，她听到隔壁房间有人说话，因为墙壁隔音，所以听得不是很清楚。她拿起一个杯子，扣在墙上，还是无法听清。

丽丽心想，如果可以听到对方说话，就可以从中判断出他到底是不是通缉犯了。没办法，她只好打电话给前台，通知了他们这个情况。

不一会儿，前台派来了一名医生。医生走进来之后，用了一个很简单的方法，就听清楚了隔壁房间里那人说的话，他确实是通缉犯。

报警后，很快那个通缉犯就被赶来的警察抓了起来。

请问，医生是怎么做到的呢？

197. 偷牛贼

古时候，有个人到衙门告状说自家的牛被人偷了。县官经过一番调查后，把有嫌疑的几个人一起带到了县衙审讯。嫌疑人都低着头跪在大堂上，但没人承认牛是自己偷的。县官胡乱问了几个问题后，说："你们暂且先回去吧！"

正当众人纷纷站起来要走时，县官突然拍案大喝了一句，只见偷牛的人不由自主地跪在地上，慌忙磕头求饶。案子就这样破了。

你知道县官大喝了一句什么话吗？

198. 邮局行窃案

约瑟夫去邮局寄东西，刚进大门就和里面的一个人撞了个满怀。相互致歉后，约瑟夫前往柜台办理业务，交钱的时候，才发现钱包不见了。

"一定是刚才那个人在撞我的时候偷走了我的钱包！"约瑟夫心想。然后马上通知了邮局的保安一起追了出去。

没追出多远，就发现了刚才撞自己的那个人。原来，一名巡警经过附近，看到这个人形迹可疑就拦住他问询。

约瑟夫和保安来到近前，向巡警介绍了刚才事件的经过。巡警要求搜身，可是浑身上下翻了个遍，也没有找到约瑟夫的钱包。时间很短，嫌疑人没有到过别的地方，也没有同伙和他配合。巡警没有办法，只好把他放了。

过了几天，这个小偷在家中拿到了约瑟夫的钱包。

你知道这是怎么回事吗？

199. 皇帝断案

乾隆皇帝下江南的时候，除了四处游玩外，还会顺便断一些当地无法或者不敢解决的疑难要案。这一天，乾隆皇帝一行人来到苏州。当地有一个很有权势的财主，他雇用了一个哑巴。欺负他不会说话，三年没付他一文工钱。哑巴四处告状，无人敢受理。甚至找周围的知情人写状纸，都没有人敢为他代写。

当哑巴见到乾隆皇帝时，马上拦住轿子告御状。乾隆接过状纸一看，上面一片空白，询问之下又"咿咿呀呀"地说不出一句话。顿觉此案难办，一番思考之下，乾隆吩咐左右："把这个无理取闹的哑巴拖出去，游街半天。"

游街中，哑巴无比悲愤，泪流满面。凡认识他的人都窃窃私语，甚至对乾隆皇帝议论纷纷。

游街结束后，乾隆命人把哑巴押回县衙，然后派人捉来财主，除了判其付清哑巴三年的工钱外，还得游街一天。

你知道乾隆皇帝是如何了解到事情真相的吗？

200. 对付财主

从前，有个财主，很吝啬也很贪婪。他的邻居是一对勤劳的夫妇，他们在山坡上开垦荒地，种下了几亩小麦。在快要成熟的季节，财主总是把自家养的鸡放到麦田里去吃麦子。

邻居惹不起财主，只好忍气吞声，看到鸡就去赶。可是这边赶走了，那边又来了，毫无办法。看到辛辛苦苦种下的麦子这样被糟蹋，农夫很是心疼，就回家和妻子商量。妻子听完后对丈夫说："这好办，你明天只要这样做，他就不会再放鸡了。"

第二天，农夫按照妻子说的做了，果然有效。

你知道他是怎么做的吗？

201. 找出匪首

从前，在边境处有一个偏僻的小村子，因为交通不方便，村民生活很清苦。更让人恐怖的是，边境的对面不远处有一群土匪，他们经常来村里抢劫。村民种的粮食和养的家畜家禽都会被他们抢走。而警察局离村里也很远，即使报警，等警察到了，土匪早就逃之夭夭了。

为了彻底清除匪患，警察决定以静制动，埋伏起来把土匪一网打尽。等了整整半个月，终于等到了这群土匪，警察不费吹灰之力将他们全部擒下。

俗话说，擒贼先擒王，惩罚土匪也要先从匪首开始。可是问题来了，这群土匪都穿着一样的衣服，谁是匪首很难判断出来，凭经验，向这些土匪询问，也多半不会有结果。

很快警长有了主意，只听他大声说了一句话，话音刚落，他就知道哪个是土匪头子了。

你知道警长说了一句什么话吗？

202. 火灾逃生

小明是歌星阿 k 的铁杆粉丝，有一天举办阿 k 的演唱会，小明当然不肯错过。今天剧场的人真多啊！偌大的剧场黑压压的全是人。

演唱会开始后不久，突然从后台传来几声呼救声："不好了，着火了，救火呀！"紧接着，只见熊熊大火夹着黑烟向台前涌来……顿时，台上台下乱作一团。观众纷纷离开座位，争先恐后地涌向大门。可是大门是锁着的，一名服务员拿着一把钥匙高喊："让一下，我过去开门！"

可是人们就像没听见一样，还是疯了似的往大门的方向挤。看到这种徒劳无功的场面，小明突然大声喊了一句话，观众纷纷向后退去。服务员趁机钻了过去，打开了大门，让观众们都安全地离开了火灾现场。

请问，小明到底喊了一句什么话，才让大家离开了紧锁的大门向后退去呢？

203．智擒劫匪

约翰是某州立大学三年级的学生，一天晚上，他和同学们在寝室休息，突然闯进来一个持枪劫匪，抢走了他们所有人的钱包后，逃走了。

几个人报了警后，警察来调查了一番，但没有抓到劫匪。

过了一段时间，约翰在校园附近的一家咖啡馆喝咖啡时，看到那名劫匪正坐在咖啡店的吧台前喝着咖啡。没错，就是他！约翰想出去报警，可又怕他跑了；自己上去捉吧，又担心不是他的对手。怎么办？

正在这时，一名警察走了进来，坐在劫匪的旁边，对服务员说："来一杯咖啡。"约翰想告诉警察，又怕劫匪听到跑了，或者掏出枪来伤到人。这时，他突然有了一个好主意，趁服务员冲咖啡的时间，约翰找到服务员，和他耳语了几句。

过了一会儿，服务员用一个透明的玻璃杯端来一杯咖啡，放在警察的面前，微笑着说："请用！"

警察喝了起来，等快要喝完的时候，警察突然放下杯子，一把扭住身边劫匪的胳膊，大声说："你这个抢劫犯，这次跑不掉了！"

这名警察是怎么知道他是劫匪的呢？

204．新手小偷

一天夜里，一个小偷第一次入室盗窃。这是一栋富人的宅院，家里没有人。于是小偷用万能钥匙打开门，大摇大摆地走进去，打开电灯，来到书桌旁，打开抽屉。发现抽屉里没有什么值钱的东西，就什么都没动关上了。接着他打开保险柜，拿走了里面的钞票和首饰，并关上了保险柜的门。其他的地方都完全没动，临走时还特意用随身携带的手绢擦掉了自己所有摸过的地方。最后用腿把门带上。

小偷很得意地想："除非有人开保险柜看到钱不见了，否则不会有人知道我来过。"

没想到第二天一大早，第一个回到家中的人就发现昨晚有人进来过。

你知道这个小偷究竟哪里露出了破绽吗？

205．林肯智斗歹徒

在林肯还没有当总统的时候，一天晚上，他走在回家的路上，遇到了一名歹徒。歹徒手里拿着一把左轮手枪，指着林肯的头厉声喝道："老实点，把身上值钱的东西都交出来！"

林肯知道此时自己处于弱势地位，也就不做那些无谓的反抗了，乖乖地掏出钱包交给了歹徒。

歹徒很是得意，不费吹灰之力就成功地拿到了钱。这时，林肯对歹徒说："先生，我今天刚发的工资，我老婆看到我没有拿回家钱会怀疑我藏私房钱的，能不能麻烦你在我的衣服和帽子上打几枪，让她知道我确实是被抢劫了。"

歹徒同意了，接过林肯的帽子和大衣，分别开了三枪，然后还给了林肯。就在这时，林肯突然一拳打在歹徒的头部，接着拳打脚踢，歹徒一下就昏了过去。林肯拿回自己的钱包，笑呵呵地转身走了。

你知道林肯为什么会这样做吗？他不怕歹徒开枪打他吗？

206. 及时赶到的警察

一名劫匪闯进一名单身女孩的家中抢劫，当时女孩正在电脑前上网聊天。女孩看到闯进的陌生人惊恐万分，刚想叫喊，就被劫匪用消音手枪打死了。劫匪在屋子里四处翻找值钱的物品，把所有的现金和首饰搜刮一空。这时，劫匪发现厨房里有刚做好不久的饭菜，正好饿了，就从容镇定地吃了起来。

就在此时，几名警察冲了进来："不许动，你被捕了！"劫匪很好奇，他自认为没有惊动任何人，为什么警察会这么及时就赶到了呢？

207. 谁报的警

一天夜里，一个小偷来到某公寓，按了 6 楼一个房间的门铃，只听里面传出一个女人的声音："等一下，我去开门。"

不一会儿，门开了，露出一张漂亮的脸蛋。小偷一下钻进屋子里并用背顶住门关了起来。女子一脸惊恐："你是谁？你要干什么？"

小偷拿出一把刀，威胁女子不要喊叫，并用绳子把她绑在了椅子上。然后小偷开始四处翻找值钱的东西。在女子的手提包里找到了 2000 元现金和一把钥匙，就在小偷刚要用钥匙打开墙角的保险柜时，房门突然打开了，冲进来几名警察。

就这样，小偷被戴上了手铐，带走了。到最后，小偷也想不出，房间的隔音效果还不错，女子从始至终也没有大声叫喊过，到底是谁报的警呢？

208. 求救信号

英国特工 007 在俄罗斯执行任务时，不小心失手被擒。此时正是隆冬时节，西伯利亚寒气逼人。007 被关在一个高原上的小木屋里，木屋很坚固，有一个窗子被铁条拦着，门也被锁住了。木屋内设备相当简陋，只有一张床、一把椅子和一台冰箱。冰箱里有些面包和几罐汽水。

但是这天晚上，007 就利用木屋里这些简单的设备，发出了求救信号，通知同伴来救援。最后，他真的成功逃脱了。

你知道 007 是怎么发出的求救信号吗？

209. 整形的通缉犯

安娜是一名整形医生，在一家整形医院工作。一天，一位客人来到医院要求整形，奇怪的是，他竟然没有任何要求，只是说和原来不一样即可。

安娜终于想起来，前几天看到电视新闻里说有几名越狱的通缉犯，仔细一辨认，此人正是其中之一。难怪他要求和原来不一样，是怕被人认出来。

于是安娜开始给这名通缉犯做整形手术。手术非常成功，看到镜子里陌生的脸，通缉犯很满意。

过了没几天，这名通缉犯就被警察抓到了。奇怪的是，从始至终，整形医生都没有报过警。这到底是怎么回事呢？是谁认出了通缉犯？

210. 化学家捉贼

笛卡尔是知名的化学家，在他居住的镇子上无人不知。又因为他研制的一些化学品而得到了一大笔奖金，这也招来了一些窃贼的惦记。

一天夜里，一个小偷悄悄地钻进笛卡尔的家中，翻箱倒柜地找出了不少现金和值钱的东西。正打算离开，偶然瞥见书桌上有多半瓶高档名酒。这个小偷正巧是个酒鬼，爱酒如命。他抓起酒瓶咕咚咚喝了几口。

就在此时，门外有动静，笛卡尔回来了。小偷慌忙放下酒瓶夺路逃走了。慌忙之间，笛卡尔也没有看清小偷的模样。

笛卡尔发现家中被盗，马上报了警。警察赶来后调查一番，没有发现任何有用的证据，大概是小偷戴着手套吧，一点指纹都没有留下。

笛卡尔看到书桌上打开的酒瓶，断定小偷喝了几口酒，便计上心来。他以化学家的身份写了一份声明，发表在当天的报纸上。隔天，小偷看到了声明，马上就带着全部赃物投案自首了。

你知道小偷为什么会投案自首吗？

211. 消失的凶器

在一次航模大赛后，约翰输得一败涂地，屈居亚军。他伤心极了，本来可以

稳拿第一的,但是比赛现场出现了一点意外而错失良机。

正当他在家中独自伤心的时候,冠军史密斯先生来到家中,一边幸灾乐祸,还一边出言讥讽。约翰忍无可忍,愤怒之下,失手用制造航模的刀具杀死了史密斯。杀人后,约翰马上拨打了报警电话,称自己刚到家就发现朋友史密斯先生死在了自己家中。

大约过了 10 分钟,警察就赶到了现场,调查后发现,很明显这里就是第一现场,而嫌疑最大的当然是约翰,只是没有找到杀人的凶器。

从楼道里的监控录像可以看出,约翰没有离开过这间屋子,而窗子外面一定范围内也经过了地毯式的搜索,同样没有发现凶器。即使约翰的嫌疑极大,但找不到凶器还是无法定案。侦查一下子陷入了僵局。

直到两个星期后,有人在临近的另一栋 30 多层的酒店的楼顶天台上发现了一把带血的凶器。可是从约翰居住的 6 楼,是怎样把一把刀扔到 30 多层高的楼顶的呢?

212. 狄仁杰解难题

武则天在位时期,一次,有个番邦小国派使者来朝中进献礼品。同时还带来了一个谜语:"小时候有两个角,十四五岁没有角,但是长得圆又胖,显得可爱又美妙。十八九岁又变小,又小又瘦又有角,等到活了三十岁,它的寿命就完了。"

朝堂之上的大臣们都没有猜出来答案是什么,可我堂堂中原大国,岂能被番邦小国难倒?没办法,武则天只好命人去找此时正在狱中的狄仁杰。狄仁杰听说了谜题的原委,很快就猜出来了,并伸出一只手指向上指了指。

你能猜出答案到底是什么吗?

213. 以其人之道还治其身

日本历史上曾经有一段时期,政府会不定时地发布一种"德政布告"。这个布告一出,人们之间的借贷关系就宣告废除。它的出发点是为了平衡贫富差距,帮助穷人,但实施起来经常会闹出不少笑话来。

一次,一个四处游历的和尚来到镇上,借住在一家旅馆中。他随身携带有一把宝刀,不仅造型美观,而且锋利异常。店主也是个尚武之人,看到宝刀自然喜爱有加,便向和尚借来玩赏一番。和尚不好拒绝,便把宝刀借给了他。

就在这时,政府发布了"德政布告",店主一看,心生一计,要占有和尚的这把宝刀。他说:"实在不好意思,德政布告发布了,你借给我的宝刀现在名正言顺地归我所有了,哈哈!"

这是当时的法律,和尚心中不甘,但也没有办法。突然,他心生一计,对店主说了几句话,店主却转喜为忧,连忙求饶道:"我愿意归还宝刀!"

你知道和尚说了些什么吗?

214. 尸体在哪?

苏珊的丈夫皮特和好朋友约翰一起去非洲打猎。一天,苏珊接到约翰的电报,称:"皮特猎狮身死——约翰。"苏珊很伤心,回电报给约翰:"运尸回家。"

过了几天,苏珊收到了非洲寄来的一个大包裹,打开一看是一只死去的狮子。苏珊赶紧又发电报给约翰:"误,运皮特尸回家。"不久,苏珊收到了约翰的回电:"无误,请查收。"

皮特的尸体到底哪里去了呢?

215. 门板上的信息

一天,一家 24 小时营业的超市收银员被杀害了。案发时是在后半夜,只有收银员一人在超市值班。死者背靠着仓库的大门倒了下去,右手背到了身后,用指甲在门板上刻下了"MN"两个字母。显然是死者在临死前留下的罪犯的信息。超市收银台的所有现金都被抢光了。

经过警方的侦查后发现,案件是内部人员干的。而超市还有其他四名员工,他们分别叫王宁、马诺、牛伟、南明。而根据死者临死前留下的信息,最大的嫌疑人马诺却有不在场证据。这到底是怎么回事呢?真正的凶手会是谁呢?

216. 酒鬼的外甥

有个酒鬼,非常喜欢喝酒,而每次喝完酒之后不是骂人就是打架,经常误事。他的亲戚朋友每每劝他少喝酒,他表面答应,却总也改不了。

这天,这个酒鬼收到了一封信,看字迹是他的小外甥写的。小外甥才八岁,很多字都不会写。只见这封信里写的全是数字:

99

81797954

7612984069405

1.291817

酒鬼舅舅仔细研究了半天,终于看懂了外甥的意思。

你看明白了吗?

217. 怕麻烦的杀手

贝利是一名一流的杀手,成名之后,他不再像以前那样,为了钱可以冒很大的风险。现在他只接一些简单容易、没那么麻烦的任务。

一次,有三个人同时找到了他。

第一个任务是在纽约市第九大街的珠宝店门口,杀死珠宝店店主,伪装成抢劫杀人的样子。酬劳 20 万美元。

第二个任务是把普林斯顿市的女市长在她家附近射杀,伪装成仇杀的样子。酬劳 25 万美元。

第三个任务是把住在旧金山的一位女教师在她的住处枪杀,伪装成失踪的样子。酬劳 40 万美元。

表面看上去,第三个任务最容易完成,而且酬劳最高。但贝利却拒绝了,而只接了前两个任务。

你知道这是为什么吗?

218. 教授的暗示

马克警长应数学教授罗伊的邀请,在约定的时间来到他的家中。他正准备按门铃,却发现大门虚掩着。马克警长推门走了进来,发现客厅里没有人,只有一台打开的笔记本电脑。屏幕上显示的是计算状态,上面输入着"101×5"。马克很奇怪,这么简单的算式,就连小学生都可以口算出结果,一个数学教授绝不会需要用计算机来计算的。

突然,马克警长好像想起了什么,马上拿出手机拨通了警察局的电话。你知道这是为什么吗?

219. 找密码

哈莉是德国间谍,被派到法国执行任务。她需要潜入巴特尔将军家中,从他的保险柜里找到一份机密档案。这天夜里,正好巴特尔将军一人在家,哈莉躲在暗处,偷偷地在巴特尔将军的水杯中放入了安眠药。不久,喝了含有安眠药的水的将军就睡了过去。哈莉必须在巴特尔将军苏醒前的 4 个小时内,找出档案,并偷偷离开。可是哈莉并不知道巴特尔将军保险柜的六位密码,她费了九牛二虎之力,把和巴特尔有关的任何六位数字组合都试了个遍,也没能打开保险柜,哈莉知道,巴特尔将军年纪大了,又特别健忘,他的密码一定在比较明显的地方记录着。可是哈莉找遍了屋子里所有的笔记本等类似记录密码的地方，都一无所获。

折腾了 3 个多小时，眼看药效就快结束了，依然无法打开保险柜。偶然间，哈莉看到了墙上的挂钟，她发现从进门到现在这么长时间挂钟竟然一直没有走动。始终保持着 9 点 48 分 27 秒的位置。将军家里的用人肯定不会因为疏忽忘记给挂钟上发条，所以说，这个数字很可能就是将军保险柜的密码。可是 94827 只有五位数，而密码需要六位数，那一位数是什么呢？密码到底是多少？

220. 分析罪犯

1940 年 11 月 16 日，纽约爱迪生公司大楼一个窗沿上发现一颗土炸弹，并附有署名 F.P 的纸条，上面写着：爱迪生公司的骗子们，这是给你们的炸弹！

这种威胁活动越来越频繁，越来越猖狂。1955 年竟然放上了 52 颗炸弹，并炸响了 32 颗。对此报界连篇报道，并惊呼此行动的恶劣，要求警方给予侦破。

纽约市警方在 16 年中煞费苦心，但所获甚微。所幸还保留几张字迹清秀的威胁信，字母都是大写。其中，F.P 写道：我正为自己的病怨恨爱迪生公司，要使它后悔自己的卑鄙罪行。为此，不惜将炸弹放进剧院和公司的大楼，等等。

警方请来了犯罪心理学家布鲁塞尔博士。博士依据心理学常识，应用层层剥笋的思维技巧，在警方掌握材料的基础上做出了分析推理，很快就找到了罪犯。

你知道他是如何推理的吗？

221. 日本人巧探大庆油田

大庆油田是我国 20 世纪 60 年代勘探、开发的一个大油田，当时，绝大多数中国人都不知道大庆油田在哪，但日本人却对大庆油田了如指掌。

他们没有采取秘密刺探的手段，仅从中国的官方资料上就查明和推算出所需的一切情报。另外，日本人搜集秘密情报的思维方法与常人大不相同，是沿着一条见微知著的思路搜集有用的公开情报信息，这种搜集信息的方式虽然简单易行，但却要求信息分析人员具备较高的思维素质和洞察力，能够迅速分辨哪些信息有用、哪些信息无用，哪些信息是真的、哪些信息是假的。

你知道他们是怎么推理出来的吗？

222. 芝加哥需要多少调音师

在一次演讲中，著名物理学家费米向大家提到了这样一个问题："芝加哥需要多少位钢琴调音师？"

对于这种问题，你知道该如何回答吗？

223. 一只猫毁了一个指挥部

第一次世界大战期间,法国和德国交战时,法军的一个旅司令部在前线构筑了一座极其隐蔽的地下指挥部。指挥部的人员深居简出,十分诡秘。不幸的是,他们只注意了人员的隐蔽,而忽略了长官养的一只小猫。德军的侦察人员在观察战场时发现:每天早上八九点钟,都有一只小猫在法军阵地后方的一座土包上晒太阳。

据此,他们判定那个掩蔽点一定是法军的高级指挥所。随后,德军集中六个炮兵营的火力,对那里实施猛烈袭击。

事后查明,他们的判断完全正确,这个法军地下指挥所的人员全部阵亡。

你知道他们判断的依据是什么吗?

224. 寻求真相

一群人组织去原始森林里打猎。这些人分成了几个小组,每个小组都有一部步话机。如果遇到险情,可以用这部步话机联系在这个地区上空徘徊的直升机求救。

当大家都打猎回来后,人们发现其中有个小组失踪了。通过努力寻找后,人们在一个山谷里找到了他们的尸体。

这些人是怎么遇难的？为什么这些人没有得救？如果你是活动的组织者，你就要不得不考虑这个问题。是因为这些人不知道怎样使用步话机吗？或者是因为他们过于惊慌导致没有想起使用步话机？还是因为负责接收步话机信号的直升机驾驶员玩忽职守？又或者步话机的信号被山体隔断了？总之在没有进一步调查以前，这些可能都是存在的。

遇到类似的问题时，我们该如何寻求事情的真相呢？

225. 所罗门断案

《圣经》中有这样一个所罗门国王判案的故事。

有两位母亲都说自己是一个孩子的真正母亲，她们争执不下，只好请求所罗门国王来判决。所罗门国王拿出一把剑，声称要将孩子一分为二，给两位母亲一人一半。这时，真母亲不忍心看着自己的孩子被杀掉，因此提出宁愿将孩子判给对方；而假母亲则觉得反正自己得不到，所以同意杀婴。所罗门国王通过对比她们的表现，就知道了愿意让出孩子的母亲才是孩子真正的母亲，于是宣布把孩子判给这位真正的母亲。

这个故事不仅向我们展示了母爱的伟大，也向我们昭示了所罗门国王的智慧。然而，所罗门国王的方法真的这么容易就能成功吗？

226. 到底谁算是凶手

有一支探险队正在穿越撒哈拉大沙漠，他们遭受了沙暴，所有的补给都丢失了，只能靠随身带着的水袋活命。一天晚上，探险队里的 A 决意杀死队员 C，于是他趁 C 睡觉的时候在 C 的水袋里投了毒。同时探险队里的 B 也决意杀死 C，他就偷偷在 C 的水袋上钻了一个小孔，让袋里的水慢慢漏掉，想渴死 C。当然，B 并不知道 C 的水袋已经被 A 下毒了。水袋里的水当晚就漏完了，C 也在几天后因为没水喝而渴死。到底谁该为 C 的死负责？

227. 消失的邮票

王老先生家里有一枚珍贵的邮票，可谓价值连城。一年春节将至，王老先生打算去 300 公里外的北京去看女儿一家。在路途中被一伙垂涎王老先生邮票已久的劫匪绑架了。劫匪知道，王老先生独自一人居住，去看女儿一家不可能把那么珍贵的邮票留在家中，必定随身携带。

"要想保命，就乖乖地把邮票交出来。"劫匪的头目威胁说。

"我没有随身携带。"王老先生回答说。

"骗谁啊！你家里没人，怎么可能留在家中？"

"既然你们不信，那就搜好了。"

一个喽啰搜遍了王老先生的箱包口袋，只找到一些衣物、洗漱用品、几百块钱，以及一张女儿寄给他的明信片，上面有女儿家的地址。

小喽啰指着明信片上的邮票问头目："是明信片上贴着的这张邮票吧？"

"你傻啊，那么重要的邮票，你会把它粘明信片上吗？那只是一张再普通不过的邮票，不值钱。我们要的邮票只有它的一半大小，上面有一条龙。"

"那没有了，他不会真的留在家里了吧！"

劫匪们又仔细地找了一遍，还是一无所获。你知道王老先生把邮票藏哪里了吗？

228. 巧断讹诈案

有一次，平原县县令外出，看到一群人围着两个人议论纷纷，便命人停轿下去查问。

一个中年胖子立刻跪倒在地，对县令说："我装着十五两银子的钱袋被这个年轻人拾到了。可是，他说钱袋里只有十两银子。"

那个年轻人急忙跪下说："老爷，我早晨给我母亲买药，拾到一个装着十两银子的钱袋。因为着急就先回家送药，母亲催我回来等失主。这位先生来了硬说里面是十五两银子！"

众人都说胖子讹人，替年轻人喊冤。县令见状便问胖子："你丢的银子真的是十五两吗？"

"确确实实是十五两银子。"胖子肯定地回答道。

县令当即对胖子说了句话，众人都拍手称快。

请问：县令说了句什么话？

229. 逃逸的汽车

一辆汽车肇事后逃跑了，警长立即赶到了出事地点。

一位见证人说："当时我正在开车，在反光镜中发现自己车的后面有一辆车突然拐向小路，飞驶而去，很不正常。所以，我顺手记下了那辆车的车牌号。"

警长说："那可能就是肇事的车，我马上叫警察搜捕这辆 18UA01 号车！"

几小时后，警察局告知警长，见证人提供的车号 18UA01 是个空号。现在已把近似车号的车都找来了，有 18UA81 号、18UA10 号、10AU81 号和 18AU01 号共四辆车。

警长看了看所有的车号，终于从四辆车中找出了那辆肇事车。

你知道是哪个吗？

230. 隐藏的嫌犯

一个冬天的深夜，侦探阿飞在路上走着，突然发现一个人影从一家珠宝店里窜了出来，紧接着后面追出两个人，一边追一边喊："抢劫了！"阿飞也朝黑影追了过去。

追了好长一段路，只见黑影钻进了一个地铁站，阿飞气喘吁吁地跟着跑了进去。发现里面只有 7 个人，体型和刚才的罪犯都比较相近。

其中有两个人像是夫妻，正在争吵着什么；第三个人一边等车一边看书；第四个人头上盖着一张报纸躺在椅子上休息；第五个人坐在座位上冻得发抖，并不停地搓手；第六个人在一个角落里原地跑步取暖；第七个人则望着地铁来的方向，焦急地等着。

地铁没有别的出口，那么哪个人会是抢劫犯呢？

231. 罪犯的疏忽

一天，名侦探明智小五郎去拜访好友宫田先生，对方很热情地招待了他。

"明智君，今天就留在这里吃晚饭吧。"宫田说道。

"好啊！等你的妻子回来后，我们一起用餐吧。"

对方看了一眼挂钟说道："她？唉，中午出去的时候还和我说会在下午三点多钟回来的，现在呢？都快六点了，还不见人影。"他的话刚说完，只见宫田的司机小野三郎气喘吁吁地跑进屋子里说："不好了！先生，太太她……"

"出什么事了？"小五郎迅速地从座位上弹了起来。

"跟我来！"司机向前飞奔，后面二人也不敢怠慢。他们三人来到了离宫田家不远的一片树林里，一辆黑色宝马轿车停在一棵大树的旁边。

小五郎看了一下地形，从车头的方向可以看出，经过了前面的下坡，这辆车的确是要往宫田家驶去。车的后排坐着宫田的妻子，她的太阳穴处中了一枪。

"夫人！夫人！"宫田拉开了车门，想抱住自己的太太。

"不要这样！宫田君，这样就破坏现场了。"

一听小五郎这样说，宫田忍住悲痛没有去碰他的妻子，但却在不停地哭泣。

"宫田夫人出门的时候是坐着你的车？"小五郎问司机小野。

"是的。"

"这个枪眼是怎么回事？"小五郎指着死者头部右处太阳穴问道。

"是这样的：刚才太太说肚子有些饿了，要回家，我就开车送她，但经过了那家超市之后我就听见一声枪响，接着就刹住了车，等我回头时才发现太太已经死了。她是个好人呀！"小五郎朝那家超市看去，那个超市离这里还很远，有一段距离。他很清楚，那家超市的生意不太好，很早就关门了，所以不会有其他的目击证人出来作证。

"你真的听见枪响了？"小五郎问。

"是的，千真万确。"

"你开车的时候这条路上还有其他人吗？"

"没有，一个人都没看见，先生，会不会是有人在附近埋伏着呢？"

"在我们来之前，你有没有动过现场？"

"没有。"

"你一个月拿多少工钱？"

"啊？先生，你怎么这样问？"小野疑惑地说。

"回答我。"

"三千元，宫田先生给的钱不算少。"

"留着这笔钱请律师用吧。"小五郎看着小野严厉地说。在小野狡辩之前，明智小五郎做出了精彩的推理。

请问，司机小野的漏洞到底在哪里呢？

232. 钥匙上的指纹

张三被发现死在自己的卧室里,卧室的门窗都从里面锁住,门的内侧钥匙孔中插着一把钥匙。警察调查发现,钥匙的手把上表面和背面均有一个清晰完整的螺旋形指纹。对比后发现是张三的。也就是说,门是死者自己从里面锁上的。这样就形成了一个密室,由此可以断定张三很可能是自杀。

你能看出来以上结论有什么问题呢?

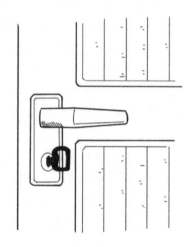

233. 并非自杀

某商业巨子发现妻子对自己不忠,要与其离婚。妻子情急之下,用大量安眠药杀死丈夫,并把现场改扮成自杀的样子。妻子首先找出丈夫前几天的体检单,上面显示有胃癌早期的症状,把它放在丈夫办公桌的抽屉中。接着她又用丈夫的私人笔记本电脑打了一份遗书,称自己被查出患有癌症,轻生厌世,自杀身亡。最后把丈夫的尸体搬到办公桌前的椅子上,并在旁边摆上药瓶和水杯。为了毁灭证据,她还用干净的布把留有自己指纹的笔记本电脑上的每一个按键都擦得干干净净。本以为毫无破绽,可很快就被警察发现了问题。

你知道她究竟错在哪里了吗?

234. 手表

怀特先生加了一夜的班,天亮了才回到家中,发现家中被盗,保险箱里的大量现金和首饰都不见了。于是他报了案。不一会儿警察来了,和怀特一起在他家锁着的地下酒窖里发现了还在熟睡的妻子。众人将其叫醒,怀特的妻子讲述了事情的经过："昨天下午 3 点左右，三名歹徒闯进家中，强行给我灌下了催眠类的药物，很快我就睡着了，并被歹徒关在了地下酒窖中。也不知道过了多久，现在才被大家叫醒。"

警察看了一眼这个酒窖，是个不大的地窖，放着几架红酒。四周无窗，门可以从外面锁上，里面有一盏 40 瓦的灯泡，发出不太亮的光。

警察看了一眼怀特的妻子，说："你和那些强盗是一伙的吧！快从实招来。"

你知道警察是如何识破她的诡计的吗？

235. 嫁祸于他人

张小姐是一位模特，一个人居住，便请了个女佣每隔两天来家中打扫一次。一天早晨，女佣来到张小姐家中打扫房间，发现张小姐一夜未归。在打扫房间时发现了大量首饰，便起了偷窃之心，但是这个过程恰好被前来找张小姐的工作助理发现了。女佣为了守住秘密，勒死了助理。接着她从张小姐的梳子上取下几根头发，塞在死者的手中，布置成助理与张小姐厮打致死的样子后，偷偷离开了。

中午的时候，张小姐回到家中，发现了助理的尸体，便报了警。

警察来到现场，经过调查发现，死者手中的长头发正是张小姐的。初步怀疑张小姐就是杀人凶手。接着警察又询问了张小姐的行踪。张小姐回答说："因为今天有工作，所以我昨天晚上先去了理发店，修剪了一下头发。然后就一个人去酒吧喝酒，后来有点喝醉了，就去朋友家睡了一晚。早上起来后，打电话给助理准备工作的事情，可是助理没有接电话，就四处找她。到了中午还没找到，就回了家，发现了助理的尸体……"

警察看了看张小姐新修剪的头发，排除了张小姐的嫌疑。

你知道是怎么回事吗？

236. 盗窃案

一名中国富翁去美国度假期间邀请了十名机智的故友到他的中国豪宅去度假，另一方面也是想让他们帮自己看几天家。这十个人分为三类，分别是小偷、平民、警察。小偷只能识别平民，平民只能识别警察，而警察识别不了其他人的身份。他们相互间不能揭发身份或自曝身份，但是只有当警察抓住小偷时才能自曝身份。每个小偷一天偷一次。小偷和平民都可以写匿名检举信。如果小偷对同类施行盗窃，被盗的小偷发现物品被偷不会喊叫；如果被偷的是平民，当他发现物品被偷一定会喊叫；如果被盗的是警察，警察会当场击毙该小偷。他们分别住在二楼共用一条走廊的十个单人房里。房门号是房主的姓，每个房门外的右边的墙上各有一个带锁的邮箱。他们每个人都有一把自己邮箱的钥匙。每天早晨6:00，报童在十个邮箱里各放一份报纸。

房间示意图如下图所示。

孔	张	赵	董	王
李	林	徐	许	陈

第一天，早上9:00 刚起床的十个人，各自在房里看完报纸后，中午11:00 在一楼客厅里相互介绍了自己的名字后便各自做自己的事去了。这一天没有平民的叫喊和警察的枪声。

第二天，与第一天一样。一位警察仍然早上9:00 起床并拿出自己邮箱里的报纸回自己的房间了。他一直看着报纸。突然，听见4个人的喊叫声。然后，10个人都集合在走廊上，并相互认识了被盗的4人。之后，这位警察回到自己的房间里，思考案情：自己住在陈号房，而张号、王号、李号和徐号房被盗。

第三天，心情烦躁的警察6:00 就起床去拿报纸。打开邮箱，却发现邮箱里除了一份当天的报纸外，还有5封匿名检举信。警察赶紧回到房内把信摊开在桌子上，发现这5封信是由5个人分别写的。第一封信的内容是：董，许，林，孔。第二封信的内容是：林，董，赵，许。第三封信的内容是：孔，许，赵，董。第四封信的内容是：赵，董，孔，林。第五封信的内容是：许，孔，林，赵。警察思考着，突然，他抓起这5封信冲了出去，抓住了正在睡觉的几个小偷。可他们并不承认，当警察拿出证据时，他们就分别说出了自己藏在离豪宅不远的赃物。

如果你就是这位警察，你是如何破解这个疑案的？

237. 隔空杀人

滑雪场一女游客突然尖叫一声，从登山升降椅上摔到山谷里。

事件发生时，私家侦探 K 博士刚好坐在她后面的第二个升降椅上。当时风雪交加，根本看不清前面。

到了山顶，他马上滑到尸体旁边，女游客是被锐器刺进胸口后跌下山谷死的，但找不到凶器。

"她前面的座位没人，再前面的座位上坐着一位男游客，可他离女游客 10 米远，不可能杀死她吧？"管理员说。

"就是他"，K 博士得出结论。

你知道凶手是怎么作案的吗？

238. 煤气泄漏之谜

美丽的"金丝雀"萧兰死在自己的家中，现场是大款程福清为她购买的公寓的卧室中，当时她已经怀有 4 个月的身孕。

经尸体解剖发现，萧兰的死亡时间是晚上 9 点钟左右，因煤气吸入过量死亡。临死前她服用过未超量无法致死剂量的安眠药。

现场勘查，煤气开关开着，上面只有萧兰的指纹。房间里没有发现遗书。床头柜上放着一只打开的冰激凌盒，里面是吃了一半的无色果味冰激凌。

经侦查，大款程福清有谋杀萧兰的嫌疑，因为他不可能与萧兰结婚，也不能让萧兰把腹中的孩子生下来，如果萧兰告发他通奸，他将身败名裂。

程福清称述：当晚 7:30 为萧兰买来冰激凌，8:00 看着她服下安眠药后离开公寓，在门口遇到过邻居。离开公寓后即驾车 20 分钟到朋友处打牌，直至天亮，过程均有证人可做证。

侦查人员会同技术人员对煤气灶的结构做了仔细的研究，并进行了实验，终于发现了煤气外泄的秘密。

在充分的证据面前，程福清终于交代了他预谋杀害萧兰以掩盖自己的丑行的过程。

你能分析出程福清是如何在煤气灶上做手脚的吗？

239. 遇害真相

荒野中，有个男子被人绑在树上窒息而死。有人路过时发现了尸体报警，不久警察来到现场。

警长发现男子的嘴被堵着，脖子被生牛皮绕了三圈。经警方鉴定，死亡时间是在下午 4 点左右。警方马上逮捕了一个嫌疑犯。

但经过调查，此人从上午至下午尸体被发现为止，都不在作案现场。警方找不到证据，要释放此人。

其实真凶就是他，你知道他是用什么手段蒙蔽警方，杀死男子的吗？

240. 消失了的凶器

在一所大学体育馆的女子淋浴室，有位裸体女学生被杀，是被人用细绳勒死的。可是现场只有毛巾、浴巾，没有发现任何类似绳子的东西。在案发当时，另一位女大学生也在场淋浴，因此她的嫌疑很大，可是她的同学都清楚地看到，她也是赤裸着从淋浴室里走出来的，毛巾、浴巾太粗，根本无法形成脖子上的细细的勒痕。在所有的下水道、排水口等地也没有转移凶器的迹象。

刑警看了勘察现场的结果，都觉得很奇怪，这个消失了的凶器至关重要，它究竟哪里去了呢？

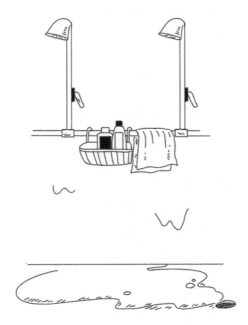

241. 审问大树

从前，有个年轻人父母早亡，自己一个人生活。一年，官府要求他去服兵役。年轻人便把家中所有财产——一锭金子交给邻居保存。三年之后，年轻人的兵役到期回家，找邻居拿回金子。可是邻居不承认，说没有这回事。无奈，年轻人将邻居告上官府。县官当面审问年轻人的邻居，可是他矢口否认。年轻人大喊："难道你忘记了吗，我在一棵大树下面把那锭金子交给你的，你还说要写个收据给我，我没要。"

邻居矢口否认，说是没有的事。

县官说："那好，现在我们只有去找那棵树做证了。"说完叫一名衙役带着

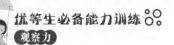

年轻人去找那棵大树求证。

过了半个钟头,县官看了看太阳,又看了看邻居,说:"这么久了,他们应该到了吧。"

邻居说:"还到不了。"

又过了一个小时,县官说:"他们应该往回走了吧。"

邻居道:"嗯,是该往回走了。"

又过了一会儿,衙役带着年轻人回来了。可是年轻人哭丧着脸说:"老爷,大树不会说话,怎么给我做证啊!"

县官笑着说:"它已经做完证了。"

说着就判定邻居交出金子并赔偿年轻人一定的利息。

你知道县官是怎么知道邻居贪钱的吗?

参考答案

177. 作为医生应该知道,服用安眠药的时候不能喝牛奶,会影响安眠药的药效。而死亡现场显示,死者是用牛奶喝下的安眠药,显然不合常理。应该是死者被杀后,凶手故意布置的假现场,造成自杀的假象。

178. 他把装有苏打水的杯子放在了办公桌上,然后退到一个合适的位置上,利用水杯充当放大镜,就看到了材料上的内容。

179. 凶手是王五,因为是他负责氧气筒的充氧和发放的。他给李四的氧气筒里充入了纯氧。而人是不能吸入纯的氧气的,那样会使人心脏停搏而昏迷。这就是他窒息死亡的原因。

180. 因为账本是用钢笔写的,时间长了,字迹会变颜色,所以真的账本字迹从头到尾颜色是不同的。而伪造的账本中,前后字迹是同一种颜色。

181. 是可能的。

因为在中国和美国之间的太平洋上,有一条经线是180度经线,它以东和以西相差24个小时,所以在这里,向东行要重复一天,向西行会跳过一天。

182. 他把水管接在水龙头上,在农场里遍地洒水。因为埋箱子的深度比耕地的深度要大得多,所以渗水的速度也要快很多。通过观察哪里渗水速度快,就可以轻而易举地找到埋箱子的地点了。

183. 凶手是B,因为警察没有提过小狗也被杀了,只有B主动说出了小狗,显然她知道小狗也死了。

184. 晚上玩电脑,外面黑黑的,不可能通过光亮的电脑屏幕看到反射的黑影。

185. 电路因短路而起火是不能用水浇灭的,这是个常识。浇水只会引起更大的火灾。

186．因为恐龙生活的年代远远早于人类出现的年代，他们是不可能出现在一起的。

187．狗都是色盲，是分不清红色和绿色的。

188．因为水城威尼斯是由很多小岛组成的，岛与岛之间由桥相连，而纵横其间的运河是它的主要交通手段，所以，在旧城区汽车是无法进来的。

189．盗贼是这个小伙子的孪生兄弟。

190．王五买了一双和李四的鞋一样的皮鞋，然后不时地偷偷换掉李四的皮鞋，让两双鞋新旧程度差不多，并且鞋底磨损情况也很类似。王五穿着皮鞋作案后，又偷偷地换给李四。

191．是那位被虫咬伤的客人。因为糨糊里含有淀粉，而碘酒遇到淀粉会发生化学反应，变成蓝黑色。

192．因为警察只说你哥哥被人杀死了，没说是大哥，而香月一下子就可以知道是大哥死了，显然和她有关。

193．凶手是那个公司老板，他用的凶器是冰柱，他先在保温杯中放几根尖锐的冰柱，可以保持很久而不融化，杀了人之后将其扔进浴室的水中，很快就会融化掉而消失不见。

194．他用脚趾夹住芯片递了过去。因为人的腿要比手臂长一些，可以伸得更远些。

195．他把子弹里的火药塞进锁孔里，然后用打火机点燃，炸开了门锁。就这样他成功逃出了牢房。

196．医生把他的听诊器贴在墙上，就听清楚了隔壁房间的说话声。

197．县官大喝道："偷牛贼也敢站起来走啊！"
由于偷牛贼做贼心虚，惊恐之下露出了马脚。

198．小偷走出邮局后，马上用事先准备好的信封把钱包装起来，投进了门口的邮筒中。过了几天，钱包就被邮局的工作人员寄送到了小偷的家中。

199．在游街时，乾隆派出手下混入人群中跟随打探。知道内情的人纷纷说出了哑巴的冤屈，从而了解到案情真相。

200．农夫做了几个捡鸡蛋的动作。故意让财主看见，又看不太清楚。财主以为自己家的鸡生的蛋被别人捡走了，很心疼，所以再也不放鸡了。

201．警长说："你们头目的衣服怎么穿反了！"
这些土匪听了后纷纷扭头向头目看去，警察就知道谁是土匪头子了。

202．小明喊："后门打开了，大家快从后门走！"
其实后门没开，他只是骗大家让出一条路给服务员去开门而已。

203. 约翰和服务员讲明了情况，让他写一个纸条，贴在给警察的咖啡杯底下。上面写着："你旁边那人是劫匪。"警察快喝完咖啡时看到了纸条上的字，就知道了他是劫匪，并抓住了他。

204. 他忘记了关灯。

205. 因为左轮手枪只可以装 6 发子弹，歹徒在他的帽子和大衣上分别开了三枪，枪里已经没有子弹了，所以林肯趁这个时间发动了反击。

206. 因为女孩当时正在上网聊天，开着视频，对面的人清楚看到了这里发生的一切，并报了警。

207. 小偷闯进来的时候，女子正在打电话，而且一直没有挂断。她说的那句"等一下，我去开门。"是对电话里的人说的。听到这边出了事，电话那边的人报了警。

208. 他不断地开关冰箱门，用里面的灯光向外面发出求救信号。

209. 整形医生按照另外一名通缉犯的样子给他整的容，警察以为他是另外一名通缉犯，就把他抓起来了。

210. 化学家的声明是这样写的："昨晚来我家中误喝了几口酒的朋友请注意，那瓶酒里有我最新研制的化学毒素，饮用后不出五天必死无疑。请这位朋友看到声明后马上来家中服用解药。"

211. 他操控自己的航模把刀带到楼顶，扔在平台上，再让航模飞回来。

212. 谜底是月亮。

213. 和尚说："既然布告已出，我当然会遵守，我借给你的宝刀就归你所有了。不过我在你这里借住的房间，也同时归我所有了。"

214. 皮特被狮子吃掉了。

215. 凶手是牛伟。因为死者是背靠着门，用指甲刻下的字母，也就是说他留下的信息是左右上下都相反的，所以真实的凶手信息应该是"NW"，也就是牛伟的名字缩写。

216. 外甥是用数字的谐音来写的这封信，意思是：

舅舅

不要吃酒吃酒误事

吃了一两酒不是动怒就是动武

一点儿酒也不要吃

217. 因为他不喜欢接太麻烦的任务。而第三个任务，看上去挺简单，杀死一个女教师也比另两个容易。但是在家中枪杀，还要伪装成失踪的样子，就要处理尸体，隐藏证据和痕迹等，要麻烦得多。

218. 因为这个算式是教授的暗示，$101 \times 5 = 505$，是"SOS，救命"的意思。

所以警长就拨通了电话报警了。

219. 挂钟的九点可以看成 21 点，所以密码应该是 214827。

220. 他做了以下的分析推理。

(1) 制造和放置炸弹的大都是男人。

(2) 他怀疑爱迪生公司害他生病，属于偏执狂病人。这种病人一过 35 岁后病情就加速加重。所以 1940 年时他刚过 35 岁，现在 1956 年他应是 50 岁出头。

(3) 偏执狂总是归罪于他人。因此，爱迪生公司可能曾对他处理不当，使他难以接受。

(4) 字迹清秀表明他受过中等教育。

(5) 约 85%的偏执狂有运动员体型，所以 F.P 可能胖瘦适度，体格匀称。

(6) 字迹清秀、纸条干净表明他工作认真，是一个兢兢业业的模范职工。

(7) 他用卑鄙罪行一词过于认真，爱迪生也用全称，不像美国人所为。故他可能在外国人居住区。

(8) 他在爱迪生公司之外也乱放炸弹，显然有 F.P 自己也不知道的理由存在，这表明他有心理创伤，形成了反权威情绪，乱放炸弹就是在反抗社会权威。

(9) 他常年持续不断乱放炸弹，证明他一直独身，没有人用友谊或爱情来愈合其心理创伤。

(10) 他虽无友谊，却重体面，一定是一个衣冠楚楚的人。

(11) 为了制造炸弹，他宁愿独居而不住公寓，以便隐藏和不妨碍邻居。

(12) 地中海各国用绳索勒杀别人，北欧诸国爱用匕首，斯拉夫国家恐怖分子爱用炸弹。所以，他可能是斯拉夫后裔。

(13) 斯拉夫人多信天主教，他必然定时上教堂。

(14) 他的恐吓信多发自纽约和韦斯特切斯特。在这两个地区中，斯拉夫人最集中的居住区是布里奇波特，他很可能住那里。

(15) 持续多年强调自己有病，必是慢性病。但癌症不能活 16 年，恐怕是肺病或心脏病，肺病现代容易治愈，所以他是心脏病患者。

根据这种层层剥笋式的方式，博士最后得出结论：警方抓他时，他一定会穿着当时正流行的双排扣上衣，并将纽扣扣得整整齐齐。建议警方将上述 15 个可能性公诸报端。F.P 重视读报，又不肯承认自己的弱点。他一定会做出反应以表现他的高明，从而自己提供线索。

果不其然，1956 年圣诞节前夕，各报刊载这 15 个可能性后，F.P 从韦斯特切斯特又寄信给警方："报纸拜读，我非笨蛋，决不会上当自首，你们不如将爱迪生公司送上法庭为好。"

依循有关线索，警方立即查询了爱迪生公司人事档案，发现在 20 世纪 30 年代的档案中,有一个电机保养工乔治·梅特斯基因公烧伤,曾上书公司诉说染上肺结核,要求领取终身残疾津贴,但被公司拒绝。数月后离职。此人为波兰裔,当时(1956年)为56岁,家住布里奇波特,父母早亡,与其姐同住一个独院。他身高为1.75m,体重为74kg。平时对人彬彬有礼。1957年1月22日,警方去他家调查,发现了制造炸弹的工作间,于是逮捕了他。当时他果然身着双排扣西服,而且整整齐齐地扣着扣子。

221. 日本人首先从中国画报刊登的铁人王进喜的大幅相片上推断出大庆油田在东北三省偏北处,因为相片上的王进喜身穿大棉袄,背景是遍地积雪。接着,他们又从另一幅肩扛人推的照片,推断出油田离铁路沿线不远。他们从《人民日报》的一篇报道中看到一段话,王进喜到了马家窑,说了一声:"好大的油海啊,我们要把中国石油落后的帽子扔到太平洋里去!"据此,日本人判断,大庆油田的中心就在马家窑。

大庆油田什么时候产油了呢?日本人判断:1964年。因为王进喜在这一年参加了第三届全国人民代表大会,如果不出油,王进喜是不会当选为人大代表的。

日本人还准确地推算出大庆油田油井的直径大小和大庆油田的产量,依据是《人民日报》一幅钻塔的照片和《人民日报》刊登的国务院政府工作报告:把当时公布的全国石油产量减去原来的石油产量,简单之至,连小学生都能算出来——日本人推算出大庆的石油年产量为3000万吨,与大庆油田的实际年产量几乎完全一致。

有了如此多的准确情报,日本人迅速设计出适合大庆油田用的石油开采设备。当我国政府向世界各国征求开采大庆油田的设计方案时,日本人一举中标。

222. 大家对费米的提问都感到很奇怪,因为大家觉得这个问题根本无从下手。但是费米却不这样认为,他向大家解释道:"假设芝加哥的人口有300万,每个家庭4口人,全市1/3的家庭有钢琴。那么芝加哥共有25万架钢琴。一般来说,每年需要调音的钢琴只有1/5,那么,一年需要调音5万次。每个调音师每天能调好4架钢琴,一年工作250天,共能调好1000架钢琴,是所需调音量的1/50。由此可以推断,芝加哥共需要50位调音师。"

费米一解释,大家都觉得这种推论方法是正确的,事实上,你也发现了,费米的这个推论是一个典型的"演绎法"。这种推论需要知道很多预备性的知识。比如,你应该知道芝加哥的总人口数,有钢琴的家庭所占的比例,每架钢琴一年要调音的次数,调音师的工作效率、工作时间等。如果你不知道这些知识,这个问题显然是无法回答的。

223. 德军依此判断:

(1) 这只猫不是野猫,野猫白天不出来,更不会在炮火隆隆的阵地上出没;

(2) 猫的栖身处就在土包附近,很可能是一个地下指挥部,因为周围没有人家;

(3) 根据仔细观察,这只猫是相当名贵的波斯品种,在打仗时还有兴趣玩这种猫的绝不会是普通的军官。

据此,他们判定那个掩蔽点一定是法军的高级指挥所。

224. 为了找出真相,我们可以提出这样四个问题来了解更多的信息。

(1) 最后一次看见这些人的是谁?在什么时间?什么地点?

(2) 直升机是否收到了这些人的求救信号?

(3) 这个事件是否仅仅是救护计划的失策,或者还是其他方面的失策?有没有一些小的过失?

(4) 这次救护计划的失策和过去的情况有没有类似的地方?

接着你得到了以下的回答。

(1) 最后一次人们看见他们的时候,他们正徒步翻越一座小山头,朝着后来发现他们尸体的那个山谷走去。

(2) 直升机的通话记录显示,并没有收到这个小组的呼救信号。后来在离这些尸体不远的地方发现了步话机的残骸。

(3) 另一个小组被困在一个小土丘上,他们用步话机向直升机呼救,结果他们得救了。

(4) 在一场森林火灾中,有一队消防员被大火烧死。当时的直升机驾驶员报告说没有收到他们的呼救信号,他们的尸体是在两座山丘之间的一条干涸的小溪中发现的。

通过掌握的这些材料,这些人遇难的原因就呼之欲出了。可能性最大的是"步话机的信号被山体隔断了",因而直升机没能接收到呼救信号。这与从各方面掌握到的所有资料都相符。

225. 如果你足够聪明的话,你就会嘲笑所罗门的愚蠢,因为所罗门的这个方法根本不能识别出谁是真正的母亲!当所罗门提出要将孩子一分为二时,真母亲当然不会同意,而宁愿将孩子让给对方。假母亲如果足够聪明,就能够猜测到这是所罗门国王的"苦肉计",她完全可以也假装痛苦地表示宁愿将孩子"让"给对方。这样一来,情况就变成了两个母亲都愿意将孩子判给对方,问题又回到了原点。不管所罗门国王杀婴的恐吓是否可信,他现在都无法判断谁是孩子的真正母亲。

226. 有人说,B 是凶手,因为 C 并不是因为中毒而死的,即使 A 不下毒,C 也会因为 B 而送命。也有人说,A 才是真正的凶手,因为 B 的所作所为并不会影响结局,当 A 下毒以后,即使 B 不在水袋上钻孔,C 也会送命。你觉得哪种论证正确呢?

这题可能永远也不会有能让所有人都认同的答案了。我个人的意见是，如果要有一个人对 C 的死亡负责的话，应该是 A。因为无论是否出于本意，B 所做的是让 C 沾不到下了毒的水，这无论如何总不是在杀他，甚至可以说是延长了 C 的寿命。当然，反对我的人也可以这样反驳：事实上 C 始终没喝过一点点毒药，在这种情况下，怎么能说 A 犯有投毒杀人罪呢？

总之，这是个值得思考的问题，它牵涉到了道德、法律、因果、逻辑等几个方面。从道德的角度出发，显然 A、B 两个人都有杀人的动机，但法律有时候是不看动机只看结果的。我想这道题足够大家好好思考一阵子了。

227. 王老先生把普通的大邮票周围涂上胶水，中间盖住自己那枚珍贵的邮票，粘在了明信片上。歹徒当然找不到了。

228. 那这十两银子不是你的，等有人拾到送来的时候我再通知你。

229. 是 10AU81，因为是在反光镜里看到的，所以号码是反的。

230. 第六个人。抢劫犯跑了很长一段路，肯定会像阿飞一样气喘吁吁的。只有第六个人在大口大口地喘气，并用跑步取暖来掩饰。

231. 小野说太太提到了肚子饿，作为司机，一定会因为这句话而加大油门，速度很快。之前提到了宝马车已经经过了一个下坡，小野说在下坡的时候听见枪响的，等他刹车后回头看见宫田的妻子死了。还说现场他没有动过，这个地方就是漏洞。

如果枪真的是那个时候开的话，由于刹车后的惯性，宫田的太太根本就没有理由坐在座位上。

232. 我们知道，在用钥匙开门和锁门时，我们会用拇指和食指把住钥匙。但是食指用的并不是指尖，而是关节旁边的部分。也就是说，钥匙上的指纹应该一面是完整的正面指纹，一面是食指侧面的不完整指纹。而上面的钥匙两面都有完整的螺旋形指纹，说明一定是犯人制造的陷阱。

233. 问题出在电脑的键盘上。如果他是自杀的，打完遗嘱后按键上一定有他的指纹。所以警方断定他不是自杀。

234. 因为怀特加了一夜的班，天亮才回到家。而他的妻子说自己是在前一天下午被喂了安眠药睡着的，所以她醒来后讲述案情时应该说今天下午 3 点左右，而不是昨天下午。显然她并没有真的睡着，知道已经过了一晚。而且酒窖没有窗子，不可能判断出当时的时间。

235. 因为张小姐的头发是昨天晚上新修剪的，所以发梢很齐。而留在死者手上的头发的发梢是圆的，也就是说，它们是修剪之前的头发。所以一定是有人嫁祸。

236. 第二天，有 4 个人喊叫。一定是 4 个平民的喊叫，不可能其中有小偷，可得出下面 3 种可能的情况。因为有 4 个平民被盗，1 个警察，又因为小偷一天偷一次，这 3 个条件，所以，第一种情况：4 个小偷，4 个平民，2 个警察；第二种情况：4 个小偷，5 个平民，1 个警察；第三种情况：5 个小偷，4 个平民，1 个警察。

第一天，这几个小偷不约而同地偷了豪宅(除了十个房间以外的地方)里的东西！这也解释了为什么第二天被盗的 4 个人中一定没有小偷！

分析第一种情况：因为，4 个平民都可以识别警察，而警察又有 2 个；并且，第二天，他们 4 个平民又互相认识了彼此的身份，所以，他们每个人都很清楚剩下的 4 个人一定是小偷！他们每个人都会写 2 封一样的匿名信，分别投进 2 个警察的信箱里，而题目中却是 5 封信，并且每封信里所包含的姓都不一样！第一种情况是不可能的！

第二种情况：4 个小偷，5 个平民，1 个警察。

当每个被盗的平民看到外面只有 1 个警察时，这时候每个被盗的平民都不能确定剩下的 5 个人中到底是 4 个小偷和 1 个没有被盗的平民，还是这 5 个人都是小偷。因此，他们无法写匿名检举信。换句话说：在 5 个平民中，只有那个没有被盗的平民知道外面有 4 个被盗平民，1 个警察。从而推断出剩下的 4 个人一定是小偷！他只写一封信就够了。然而，那 4 个小偷如果看到外面有 5 个平民，那么每个小偷都能推出那个没有被盗的平民一定会写一封信给警察！因此，他们就不约而同地做出了一件事！因为每个小偷都无法从除了自己、5 个平民以外的 4 个人中推出谁是警察。所以，他们每个人都写了 4 封信，而这 4 封信的特点是：每封信都不写自己、收信人和 4 个被盗的平民的姓，然后就把这 4 封信分别投入对应的收信人的信箱！那么，总会有一封信会被警察收到！所以，警察一共会收到 5 封信，而这 5 封信中，每封信的内容都不一样。

警察看完信，想了一会儿马上冲出去。为什么警察要冲出去呢？肯定是他已经知道谁是小偷了。可为什么这么急呢？怕小偷销毁证据。

但是警察只能推出 5 个嫌疑人中有 4 个是小偷，无法判断哪个是没有被盗的平民！

当那 4 个小偷看到有一个没有被盗的平民后，每个小偷都会知道这个平民一定会写给警察一封匿名检举信。所以这 4 个小偷都会写 4 封匿名诬告信，但是有一点都没有注意到：当小偷在写第一封信的时候，他的潜意识里已经有了 3 个人的姓！其中有一个是自己的姓，另一个是收信人的姓。这两个人的姓都不能写在信里。还有一个人，小偷一定是第一个写这个人的姓！这个人就是：没有被盗的平民！因为只有他在每个小偷的脑海里是直观印象的，而其他的 3 个人的姓只能靠推理，随机地推出一个写一个，所以，这个小偷在写每一封信的第一个姓的时候就不假思索地写下了没有被盗的平民的姓。其他的小偷都会这样想,这样做。因此,陈警察收到的 5 封信应该是:其中有 4 封信的第一个姓是一样的,只有一封信的第一个姓是不一样的,而这封第一个姓不一样的信的写信人就是:没有被盗的平民。

第三种情况下,5 个小偷都会写信给警察。

第一天,有 5 个小偷不约而同地偷了豪宅(除了十个房间以外的地方)里的东西。到了第二天,有两种可能:5 个小偷都偷了 4 个平民,有一个平民被盗了两次。这 5 个小偷都认识外面的 4 个平民,每个小偷都会想:如果有 2 个警察,那么每个警察一定会收到 4 封信,每封信包含的姓是一样的,每个小偷都会想到警察会想到这些。在这种情况下,每个小偷都意识到包括自己在内的所有小偷都会被抓。因此,他们就没有必要再去写匿名诬告信了。如果只有 1 个警察,那么就应该有 5 个小偷。每个小偷都知道那 4 个平民是不会给警察写信的!因为,这时候每个被盗的平民都不能确定剩下的 5 个人中到底是 4 个小偷和 1 个没有被盗的平民,还是这 5 个人都是小偷,所以,他们无法写匿名检举信。每个小偷都会想到这一点!所以,为了能让自己不被警察怀疑,每个小偷都会写信给警察。

第二种可能:第二天,有 4 个小偷都不约而同地偷了 4 个平民,而这个时候,有一个小偷却偷的还是豪宅(除了十个房间以外的地方)里的东西,那么,偷平民的那 4 个小偷的想法和上面是一样的。那个偷豪宅的小偷,他会不会一定写匿名诬告信呢?答案是:会的!因为他能清清楚楚地推出:一定有 5 个小偷(包括自己)。他也能想到其他 4 个小偷会写包含自己的姓的诬告信。如果自己不写信给警察,那么警察就会收到 4 封信,而每封信的内容里都有自己的名字,这样很容易让警察怀疑上自己,因此每个小偷都会写匿名诬告信的。

所以,最终的答案就是:

1 个警察——陈;

4 个平民——张、王、李、徐;

5 个小偷——董、许、林、孔、赵。

237. 凶手用绳子系住滑雪杆,再把绳子卷在手腕上,滑雪杆抛向死者,刺中她的胸口,再用绳子拉回滑雪杆,所以找不到凶器。

238. 用冰激凌把煤气的口堵住,冰激凌融化后煤气就泄漏了。

239. 凶手先把男子用生牛皮绑住脖子但不至于勒死,在太阳光的暴晒下,生牛皮会收缩,越勒越紧,就把人勒死了。

240. 凶器是那名女大学生的头发。

241. 因为县官问"他们到了没有"的时候,邻居回答"还到不了",说明他知道那棵大树的地点。所以说年轻人说的是真实的,而邻居在撒谎。

第五篇

善于总结规律

基础知识介绍

爱因斯坦曾说过："想象力比知识更重要。"图形推理游戏，作为一种训练观察力、想象力、逻辑思维能力的一种重要方式，对一个人思维能力的提高有着举足轻重的作用。图形推理考察的不仅仅是观察，它还包括理解、判断、分析、归纳、推理等一系列过程。通过对问题中图形的观察、分析和判断，了解事物的内在规律，进而对其原理、实质等有更加深入的认识。

图形推理通过给出的若干个图形之间的规律，从给出的选项中找出一个符合其规律的图形。我们在解决这些图形问题和空间问题的时候，需要将观察能力与逻辑分析能力有机地结合在一起。

一个人的观察力并不是与生俱来的，要靠平时一点点的学习和积累来培养锻炼。特别是通过一道道图形推理题目来锻炼，可以养成自觉认真地观察各种事物、深入了解其内在规律的思维习惯。

对于图形推理类的题目，我们一般可以运用以下几种常用的方法。

方法一：特征分析法

特征分析法是从题目中的典型图形、构成图形的典型元素出发，大致确定图形推理规律的范围，再结合其他图形和选项确定图形推理规律的分析方法。

一般常用的图形特征有：封闭性、对称性、直曲性、结构特征等。

例1：

根据所给图形的规律，下一个图形应该是哪个？

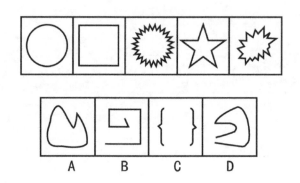

解答：

选择 A。只有 A 和给出的图形规律相同，即是闭合的图形。

方法二：求同分析法

有的时候，给出的图形形状各异，没有什么明显规律，可以通过寻找这组图形的相同点，来确定其规律，这种方法叫求同分析法。

例 2：

下面给的四个选项中，哪一个图形与所给图形是同一类的？

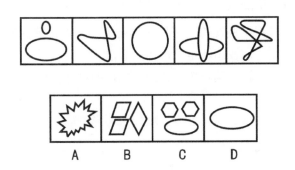

解答：

选择 D。上图五个图案看不出什么变化的规律，但都是由曲线组成的，只有 D 是完全由曲线构成，其他的图形中都含有直线。

方法三：对比分析法

当题目中所给的一组图形在构成上有很多相似点，但通过求同分析法无法解决问题时，可以通过对比分析，寻找图形间的细微差别或者转化方式来解决问题。

例 3：

根据所给图形的规律，下一个图形应该是哪个？

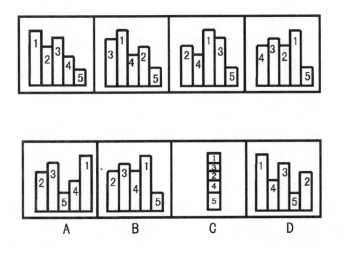

解答：

选择 C。所有的图形都是由标号 1～5 的五个竖条组成。规律为每根竖条按照它上面标的数字来移动，标"1"的每次向右移动 1 格，标"2"的每次向右移动 2 格……向右移出范围了，就从左边出现。这样第四次移动后，所有的竖条都出现在第五条的位置，也就是 C 选项。

方法四：位置分析法

位置分析法是根据组成图形的不同小图形间的相对位置的变化，或者同一个图形的位置、角度变化，找出特定的规律的方法。

一般通过移动、旋转、翻转等方式形成图形的位置变化。

例 4：

根据所给图形的规律，问号处应该填什么图形？

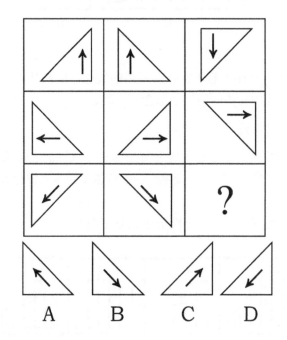

解答：

选择 C。每一行都有这样的规律：第一个图案左右翻转得到第二个图案，第二个图案上下翻转得到第三个图案。

方法五：综合分析法

大多数图形推理题目都不是通过单一方法可以解决的，需要综合运用不同推理方法，只有这样才能应对所有的图形推理题目。

第五篇　善于总结规律

例 5：
从选项中找出一个图形填在题目中的问号处，使图中所给的九个图形符合某一特定的规律。

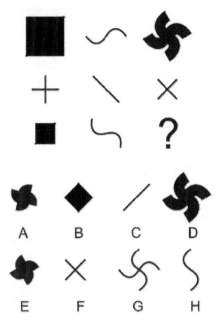

解答：

选择 E。第一行的正方形经过扭曲变换成风车状；第二行中，加号经过倾斜变成乘号；第三行的小正方形要经过扭曲和倾斜两种变换，得到的就是所要的图形。

通过图形推理游戏，我们可以学会如何总结规律，并加以运用。要善于观察，平时多注意身边的事物，留意事物与事物之间的相同点与不同点。只有对事物的观察细致入微，才能从中发现核心的属性，进行归纳。归纳总结是一种抽象的逻辑思维方式，边观察边归纳就是一种逻辑思维的深度训练。

有个很喜欢狗的王先生，他在家里养着五只狗。有一天，他的妹妹带着两个孩子来看他。两个孩子来到了一个新鲜环境，非常兴奋，想和几只狗迅速地熟悉起来。王先生把狗带到院子里，逐一点名。一个孩子抬起手去拍那只被点到名的狗的头，结果那只狗一惊，迅速地跑掉了。另一个孩子，首先把手伸到了那只狗的鼻子下面，让它嗅一嗅自己，然后，这只狗就任由孩子来拍它的头。

看到这一幕后，王先生觉得很有意思，心想："这难道仅仅是巧合吗？"

于是他问那两个孩子愿不愿意来做一个实验。两个孩子都很乐意。王先生告诉他们，他将逐一点余下的四只狗的名字。当每只狗被点到名的时候，一个孩子要先伸出手做出要拍它的样子，然后另一个孩子把手放在狗的鼻子下面。结果每次都一样：在第一种情况下，狗都被吓跑了，而在第二种情况下，它们就表现得很驯服，愿意接受抚摸。

于是经过简单的归纳，王先生得出了狗在哪些环境下会做出什么行为的试验性结论。

王先生的这种归纳法看起来很粗糙，但实际上整个科学的大厦就是建立在这种归纳推理的基础上的。科学家一直致力于收集零散的信息，以期能举一反三，推导出一般模式。一旦模式被探测到，重复出现的规律性被记录到，可信的推测就有了坚实的土壤。如果我们观测到，只要现象 A 不发生，现象 B 就绝不会出现，并且我们已经观察了成千上万次的这种现象，那么我们就可以合理推测：如果明天出现现象 B，那么现象 A 一定会发生。归纳推理因此成为演绎推理的基础。

值得注意的是，我们在列举了多个典型论据之后，需要对这些论据进行比较分析，归纳总结出它们的共同点，这个共同点必须紧扣论点。

我国古代名医孙思邈在行医时发现了一种奇特的现象，某一地区的穷人得雀盲眼的特别多，而富人却与它无关，富人经常得脚气病，但穷人却没有。后来他不断留心观察，发现穷人只能吃得上粗米、糠皮，而富人只顾吃精米细粮、大鱼大肉。于是他让两种人交换一下食物，过了一段时间，两种人的病都好了。原来粗粮富含维生素 B2，而鱼、肉中富含维生素 E。

这种看似偶然所得的事例还有很多：画家莫尔斯在听演讲时大受启发，发明了莫尔斯电码；化学家道尔顿给妈妈买了一双袜子，结果发现了色盲症；物理学家波义耳在养紫罗兰时发明了石蕊试剂；医生邓禄普浇花时受到启发，发明了自行车轮胎；化学家凯库列做梦时发现了苯的分子结构；一个无名的花匠发明了钢筋混凝土。

这些人，他们都在某一时刻突然受到了启发，或是发现了某种意想不到的事情。事实上，他们为了这一天的成功也许已经潜心留意周围事物很多年了。这正是他们本身素质的体现。机会只留给那些为了寻找它而不断探索的人。因此，只要我们专心致志于周围有趣的事物，成功就会降临。只要对周围的事物留心观察，潜心研究，就可能会获得意想不到的收获。

归纳论证是各种科学研究和文章中最为常见的一种论证方法。在对事物的认识过程中，某个论点、某种判断或某种道理的形成，是对大量事实做了归纳和概括的结果，但是，真正科学的、绝对可信的归纳论证只有一种，就是"完全归纳论证"。这种论证方法必须列举论点所包括的全部事实来作论据，但是，无论就认知过程还是实践来说，"完全归纳论证"事实上往往难以实行。

苏格兰哲学家大卫·休谟在《人性论》中，提出过这样一个问题：不论我们多少次观察到白天鹅，都不能因此推断所有天鹅都是白色的，因为只要观察到一只黑天鹅就足以推翻这一个结论。

甲："天鹅没有黑色的，因为我观察过了成千上万只天鹅，没有找到一只是黑色的。"

乙："你并没有观察过所有的天鹅，就算你观察过了现在世界上所有的天鹅，你也没有观察到将来出现的天鹅。所以天鹅不都是白色的。"

这就是众所周知的"黑天鹅问题"。不管甲一辈子连续观察了多少只天鹅，也不管今后还会观察到多少只天鹅，他从逻辑上不能得出自己的论点。只要我在采样中找到一只黑天鹅，我就有可能得出论点乙。事实上，后来人们在澳大利亚发现了一种纯黑色的天鹅品种，论点甲已经被推翻了。

归纳推理的目的是对大量的事物做出可信的一般性结论，即有高度可能性。如果可能，逐一检测特定范围内的所有成员，以此来确定是否每个成员都具备这个特征，这样得出的结论就是确定的。这种做法基本上是不可能的，就像王先生不可能去对世界上的每一只狗都做实验一样。研究者所要做的就是：以整体中的某一部分为样本来做研究，以此来代表整体。样本范围的大小决定了它的代表性。想要代表一个整体，你所取的样本必须足够多，多到你可以合理地认为它涵盖了整体中的所有情况。

观察训练营

242. 图形组合

根据所给图形的规律，问号处应该填什么图形？

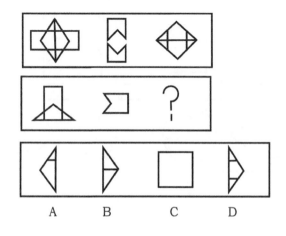

243. 角度

根据所给图形的规律，问号处应该填什么图形？

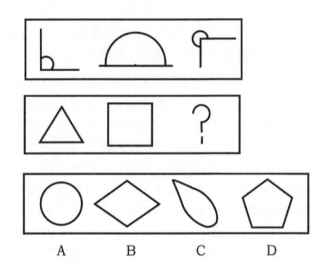

244. 直线与曲线

根据所给图形的规律，问号处应该填什么图形？

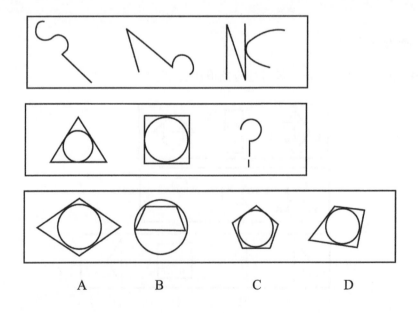

245. 多边形

根据所给图形的规律,问号处应该填什么图形?

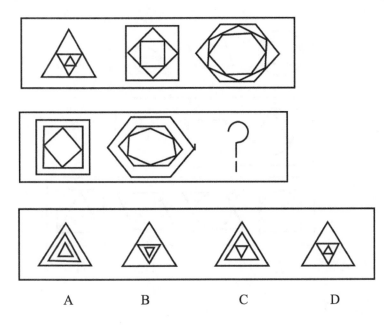

246. 有趣的方格

根据所给图形的规律,问号处应该填什么图形?

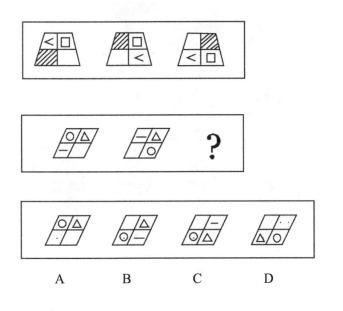

247. 奇怪的规律

根据所给图形的规律，问号处应该填什么图形？

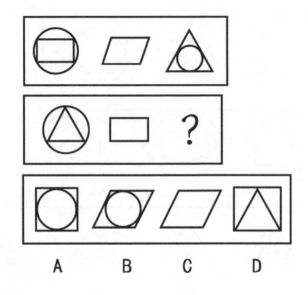

248. 涂黑的三角形

根据所给图形的规律，问号处应该填什么图形？

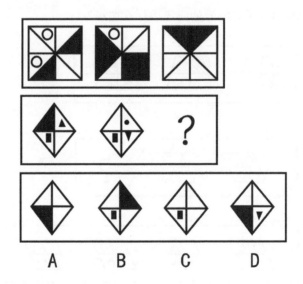

249. 五角星

根据所给图形的规律，问号处应该填什么图形？

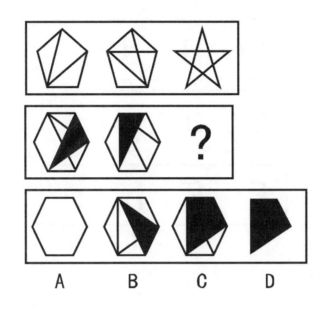

250. 汉字有规律

根据所给文字的规律，问号处应该填什么文字？

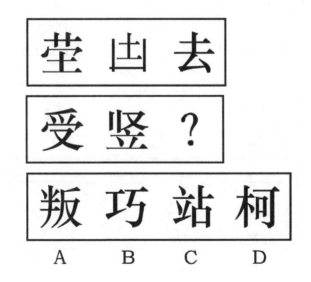

251. 字母也疯狂

根据所给字母的规律,问号处应该填什么字母?

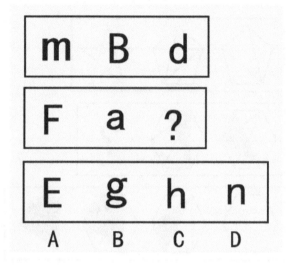

252. 组合的规律

根据所给图形的规律,问号处应该填什么图形?

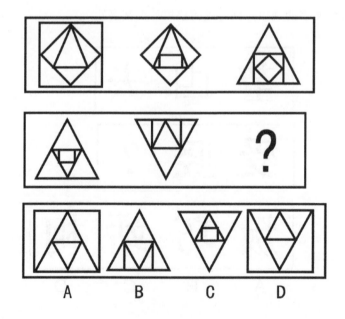

253. 复杂的图形

根据所给图形的规律，问号处应该填什么图形？

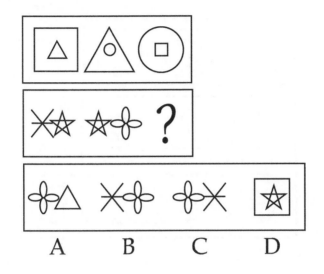

254. 没规律的线条

根据所给图形的规律，问号处应该填什么图形？

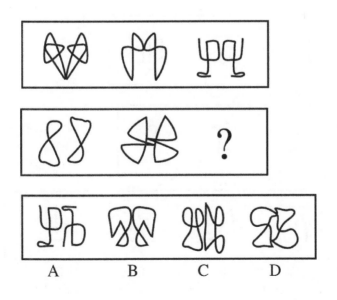

255. 圆圈与三角

根据所给图形的规律,问号处应该填什么图形?

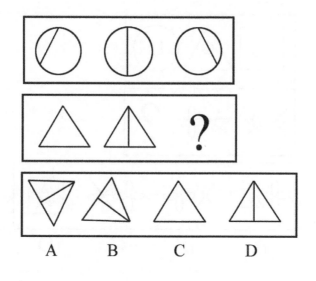

256. 汉字的规律

根据所给文字的规律,问号处应该填什么文字?

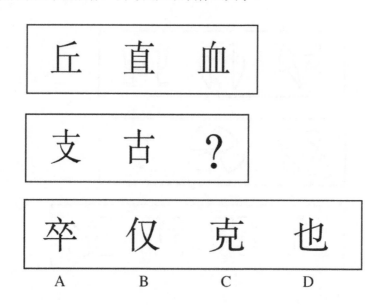

257. 奇妙的规律

根据所给图形的规律，问号处应该填什么图形？

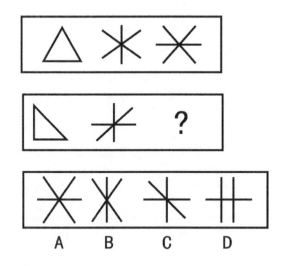

258. 递增的折线

根据所给图形的规律，问号处应该填什么图形？

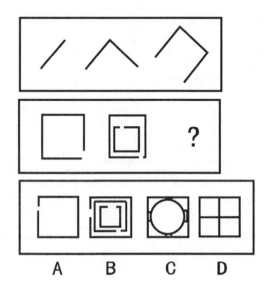

259. 简单的图形

根据所给图形的规律，问号处应该填什么图形？

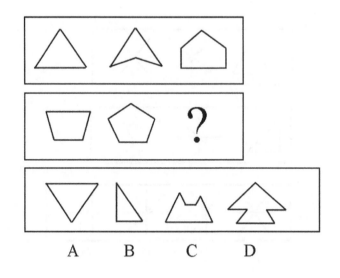

260. 星形图案

根据所给图形的规律，问号处应该填什么图形？

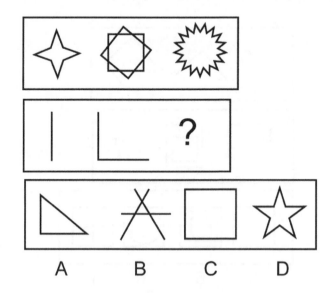

261. 切割

根据所给图形的规律，问号处应该填什么图形？

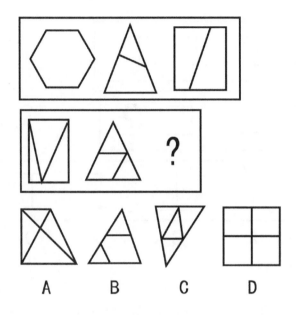

262. 字母的规律

根据所给字母的规律，问号处应该填什么字母？

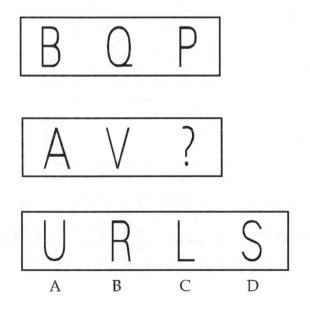

263. 线段的规律

根据所给图形的规律，问号处应该填什么图形？

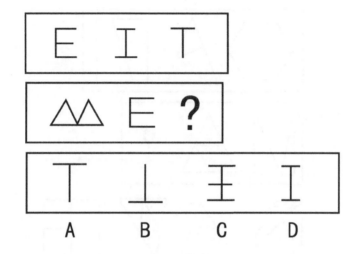

264. 金字塔

根据所给图形的规律，问号处应该填什么图形？

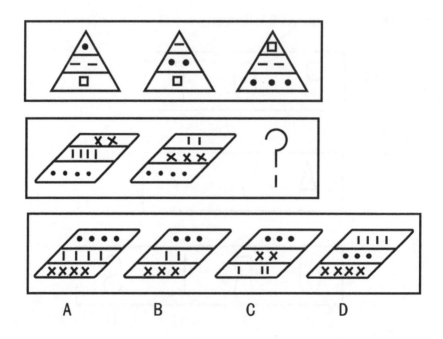

265. 奇怪图形

根据所给图形的规律，问号处应该填什么图形？

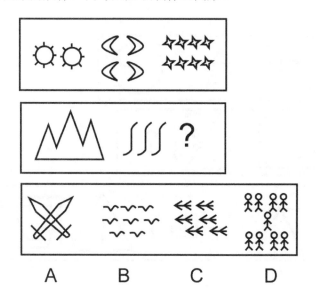

266. 超复杂图形

根据所给图形的规律，问号处应该填什么图形？

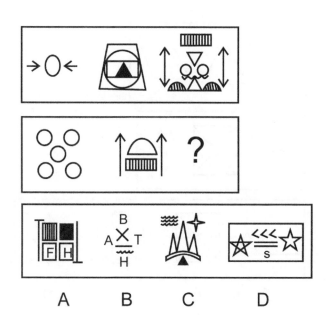

267. 神奇的规律

根据所给图形的规律,问号处应该填什么图形?

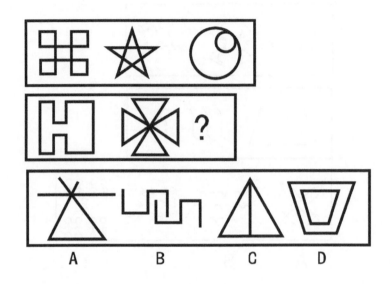

268. 线段组合

根据所给图形的规律,问号处应该填什么图形?

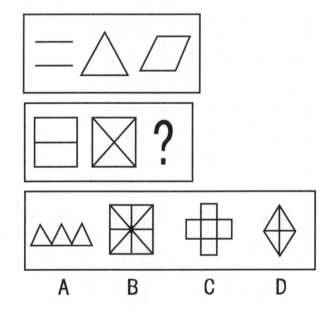

269. 分割火炬

根据所给图形的规律，问号处应该填什么图形？

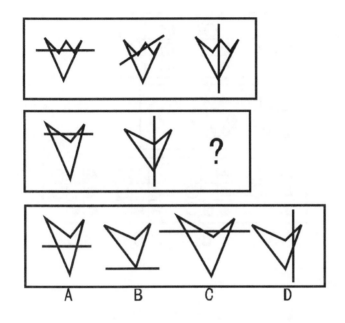

270. 圆圈方块

根据所给图形的规律，问号处应该填什么图形？

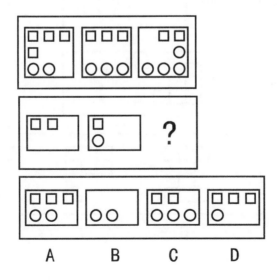

271. 黑白圈游戏

根据所给图形的规律，问号处应该填什么图形？

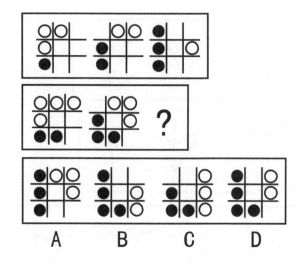

272. 方格阵列

根据所给图形的规律，问号处应该填什么图形？

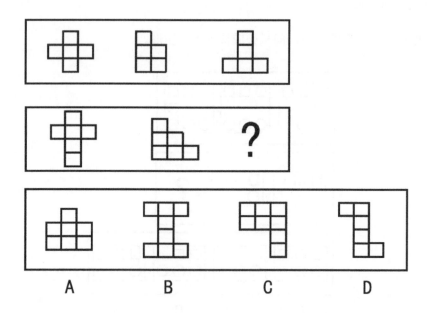

273. 曲线组合

根据所给图形的规律，问号处应该填什么图形？

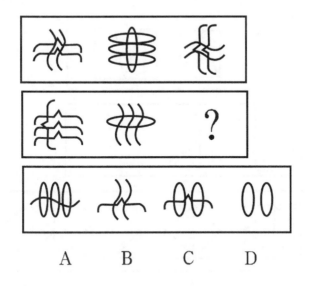

274. 带斜线的三角

根据所给图形的规律，问号处应该填什么图形？

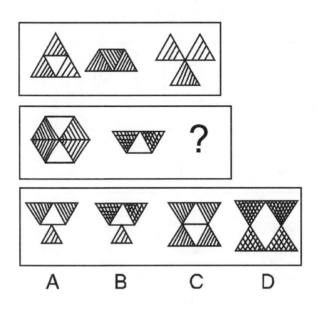

275. 变换的梯形

根据所给图形的规律,问号处应该填什么图形?

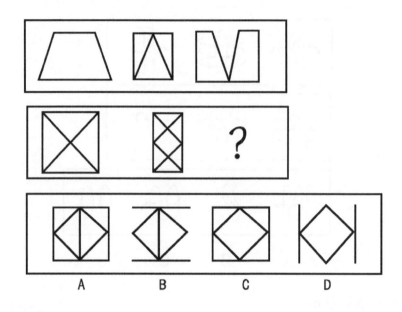

276. 多重箭头

根据所给图形的规律,问号处应该填什么图形?

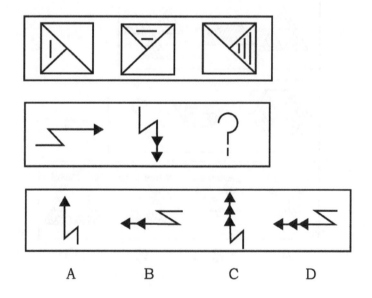

277. 黑白图案

根据所给图形的规律，问号处应该填什么图形？

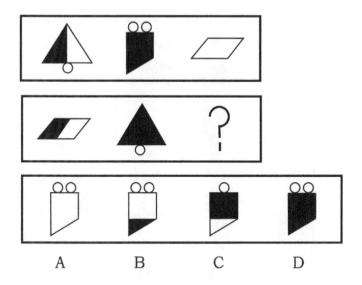

278. 笑脸

根据所给图形的规律，问号处应该填什么图形？

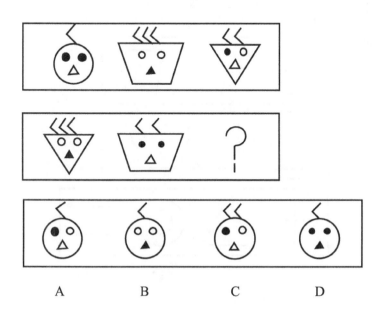

279. 双色拼图

根据所给图形的规律，问号处应该填什么图形？

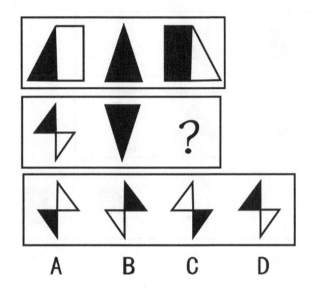

280. 线条的规律

根据所给图形的规律，问号处应该填什么图形？

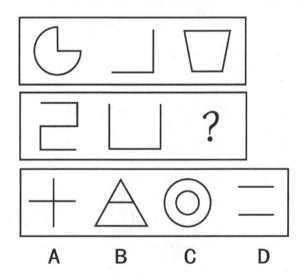

281. 变化规律

仔细观察下图，按照给出图形的规律，问号处应该填入哪个图形？

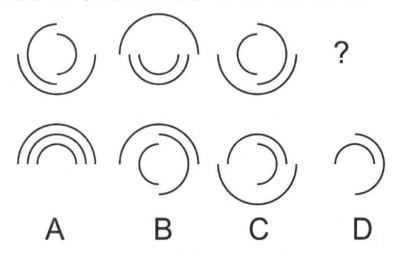

282. 与众不同

请从下面 9 个图形中选出最与众不同的一个，你知道是哪个吗？

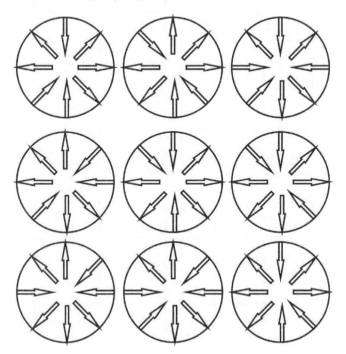

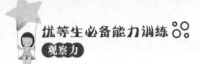

283. 什么规律

下面的图形是按照某种特定的规律排列的，请问第四个空格中，应该填入哪个图形？

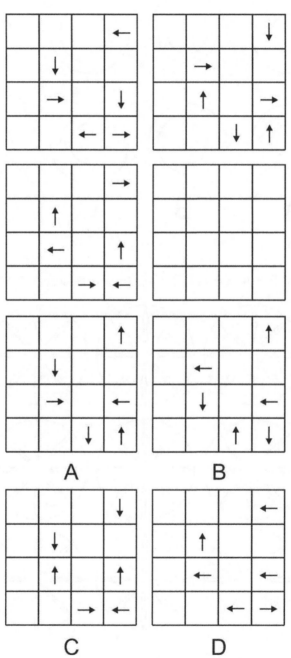

284. 切割出来的差别

下面五个图形中，哪一个与其他四幅图的规律不同？

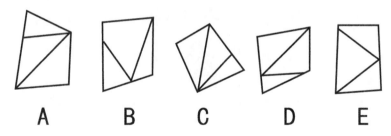

285. 按规律填图

下面图形中问号处应该是什么图形呢？

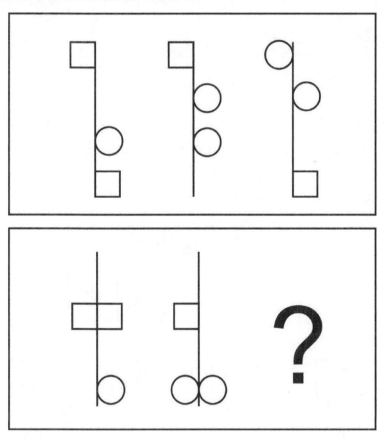

286. 铺墙纸

下图中的这种墙纸和四个选项中的哪种墙纸搭配才好看？

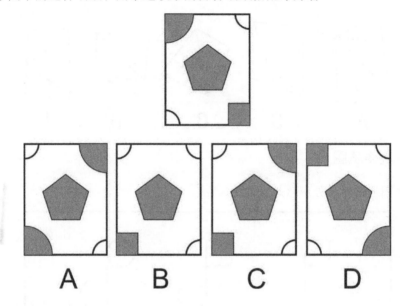

287. 折叠立方体

下面的四个立方体中的哪个是由上面的图形折叠而成的？

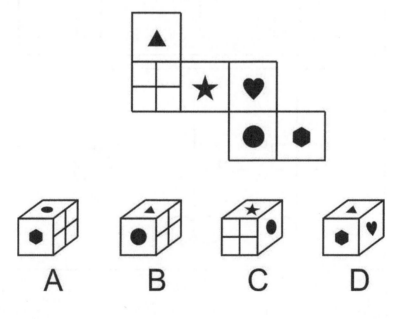

288. 折不出的立方体

下面的五个立方体中的哪个不能由上面的图形折叠出来？(每一面上的小图案只起标示作用，不考虑其角度)

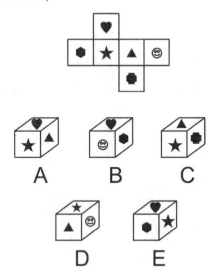

289. 立方体网格

一个立方体有 6 个面，但下面的方格都能构成立方体吗？观察这些方格，哪些可以构成立方体？

290. 骰子构图

小明在一张如左图中的纸片上画了一些点,然后将它做成骰子。请问,在右边 A、B、C、D、E 五个骰子中,哪一个是左边的骰面无法构成的?

291. 骰子推理

一个立方体的六面,分别写着 a、b、c、d、e、f 六个字母,根据以下四张图,推测 b 的对面是什么字母。

b 的对面是什么呢?

292. 图案盒子

a、b、c、d 中哪一个盒子是用左边的硬纸折成的？

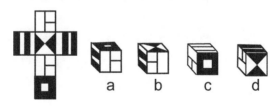

293. 折立方体

下图的纸片所折成的立方体是哪一个？

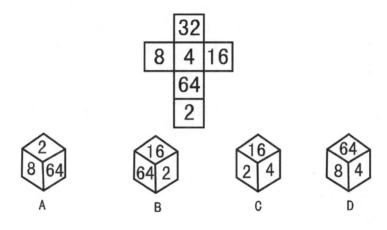

参考答案

242. 解答：D。

分析：比较上下两幅图，可以看出把上图的每个图案对分，再旋转 90°，就得到了下图的图案。

243. 解答：D。

分析：上图可以看作是一个角逐渐张开，下图可以看作是一个多边形逐渐增加边的数目。

244. 解答：C。

分析：上图的三个图案都是由一段折线和一段弧线组成的，而且折线的段数依次增加。下图的三个图案都是由一个圆和一个多边形组成的，而且多边形的边数逐渐增加。

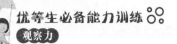

245. 解答：C。

分析：观察下图的前两个图案可以发现，外侧的两个多边形是同方向的，最里面的多边形则旋转了一个角度。选项里只有 C 是符合这个规律的。

246. 解答：C。

分析：如果把上下两幅图的图案分别比较一下就能看出一个简单的对应关系，小于号对应圆圈，方块对应三角形，斜线对应横线。这样即可知道答案是 C 选项。

247. 解答：B。

分析：上下两幅图中都有长方形、平行四边形、三角形；第一个图案的圆在外面，第二个图案中没有圆，第三个图案的圆在里面。

248. 解答：A。

分析：比较上图前两个图案的八个小三角形，如果相同就涂黑，如果不同就涂白，这样就得到了上图的第三个图案。采用相同的方法处理下图的前两个图案，得到的图形如 A 选项所示。

249. 解答：D。

分析：把每一行前两个图案重叠起来，删掉重复的线段，就得到了第三个图案。

250. 解答：A。

分析：粗看没什么规律，仔细观察可以发现，上图的三个字都含有"土"，下图的三个字都含有"又"。

251. 解答：A。

分析：第一幅图的三个字母是小写—大写—小写，第二幅图的三个字母是大写—小写—大写。

252. 解答：A。

分析：上图的规律是把一幅图案外侧的多边形缩小到图案的最里面，得到下一幅图案。按照这个规律，下图的第三幅图案应该是 A 选项。

253. 解答：C。

分析：从上图看，先是方框里有一个三角形，然后方框消失，三角形里的一个圆圈，最后三角形消失，圆圈里有一个方框。这种循环的变化类比到下图可以发现，先是雪花在五角星的左边，然后雪花消失，五角星在花瓣的左边，那么第三幅图案就应该是五角星消失，花瓣在雪花的左边，也就是 C 选项。

254. 解答：D。

分析：上图的三个图案都是轴对称的，下图的三个图案都是中心对称的。

255. 解答：C。

分析：上下两幅图的三个图案都是以中间的图案对称的。

256. 解答：C。

分析：上下两幅图的三个字互相之间都有结构上的相似。

257. 解答：C。

分析：上下两幅图中，第二个图案的三条线段分别和第一个图案三角形的三条边垂直，第三个图案的三条线段分别和三角形的三条边平行。

258. 解答：B。

分析：上下两图都是逐渐变化的。

259. 解答：C。

分析：上图图案的边数分别是 3、4、5，下图则分别是 4、5、6，都是等差数列。

260. 解答：C。

分析：上图三个图案的边数分是 8、16、32，下图的则是 1、2、4，都是等比数列。

261. 解答：B。

分析：上图三个图形的内角数分别是 6、7、8；下图前两个图形的内角数分别是 9、10，只有 B 选项的内角数是 11 个。

262. 解答：C。

分析：第一行的三个字母都有弧线，第二行的三个字母都是由直线组成的。

263. 解答：D。

分析：组成上图三个图案的线段数分别是 4、3、2，下图前两个图案的线段数是 5、4，所以答案是 3 条线段组成的 D 选项。

264. 解答：A。

分析：把下图每一层的图案类比到上图就可以看出规律了。

265. 解答：D。

分析：上面各图中图案的数量分别是 2、4、8，是个等比数列；下面各图中图案的数量则是 1、3、9 的等比数列。

266. 解答：A。

分析：数一下每幅图中图案的类型数量可以发现，上图是 2、4、6，下图是 1、3、5。

267. 解答：C。

分析：都是一笔画图形。

268. 解答：A。

分析：上图三个图案分别是由 2、3、4 条线段组成的，下图则是 5、6、7。

269. 解答：B。

分析：上下两图中直线和图形的交点数量都呈现递减的规律。

270. 解答：B。

分析：圆圈的数量逐渐增加，方框的数量逐渐减少。

271. 解答：B。

分析：黑色圆圈依次增加，白色圆圈依次减少且顺时针旋转。

272. 解答：D。

分析：上图都由五个小正方形组成，下图都由六个小正方形组成。

273. 解答：A。

分析：上下两图都由四个元素构成，选项中只有 A 项满足。

274. 解答：C。

分析：上图的规律是第一个图案上方的三角形分别连续往下翻转两次，构成第二、第三两幅图。下图则是第一个图案上方的两个三角形一起放下连续翻转。

275. 解答：B。

分析：把上图第一个图案的梯形看成是由左右两个直角梯形组成的，这两个小梯形相向运动重合后分开就分别形成第二、第三两个图形。把下图的第一个图案也如此分开，就能得出答案。

276. 解答：D。

分析：上图的规律有两个，一个是有小短线的三角形在顺时针旋转；另一个是小短线的数量依次增加。按照这个规律，下图的第三个图形应该是三个箭头，方向向上，也就是 D 选项。

277. 解答：A。

分析：上下两幅图对比一下，第一个图案都是黑白两色的，第二个图案都是黑色的，第三个图案应该都是白色的。只有 A 满足这个规律。

278. 解答：A。

分析：每个图案由头发、脸、眼睛、嘴巴四个元素组成。分别比较下图和上图中的这四个元素，发现下图的第三个图案只能是 A 选项。

279. 解答：A。

分析：第一个和第三个图案的形状上下对称，上下两图黑白颜色的位置相互对应。

280. 解答：B。

分析：尽管没有什么笔画上的规律，但所有图案都是可以用"一笔画"来完成的。

281．解答：A。

分析：最外圈的半圆上下变换，中间圈的半圆逆时针旋转 90°，最里圈的半圆顺时针旋转 90°。

282．解答：是第三排的第二个。

分析：其他的都是同一个图形经过旋转或者翻转得到的。

283．解答：B。

分析：规律为每个箭头每次都逆时针旋转 90°。

284．解答：B。

分析：只有 B 图形不是由三个三角形组成的。

285．解答：问号处的图案应该是下图所示。

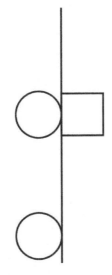

分析：将每组中的前两个图形重叠，两个正方形重叠后会变成一个圆，两个圆重叠后会消失，没有重叠的部分会保留。

286．解答：C。

分析：这样才能拼成完整的图形。

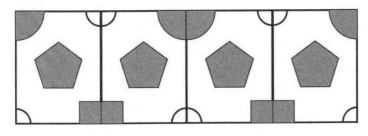

287. 解答：C。

分析：只有C选项满足要求，大家可以自己折叠一下试试。

288. 解答：D。

分析：其他的图形都可以折叠出来。

289. 解答：只有第3、5、7可以组成立方体。

分析：其他的图形都不可以组成立方体。

290. 解答：E。

分析：其他的图形都可以。

291. 解答：e。

分析：这是在考查你的空间想象能力，b的对面应该是e。如果还不明白，你可以动手做一个骰子就知道了。

292. 解答：选择a。

分析：这是在考查你的空间想象能力，大家可以动手试一试。

293. 解答：B。

分析：这是在考查你的空间想象能力，大家可以动手试一试。